上海对外经贸大学
一流本科建设引领计划

上海市『浦江人才』项目『基于学业质量的外语能力标准』的研究（编号：18PJC067）的阶段性研究成果
上海对外经贸大学内涵建设学科建设项目研究成果
上海对外经贸大学商务英语重点专业建设成果

大学英语教改转型时期的政策研究

——以『上海市大学英语教学参考框架（实行）』为例

A Study on the Policy towards English Education in the Context of the Reform of College English Teaching in China

张蔚磊◎著

上海交通大学出版社
SHANGHAI JIAO TONG UNIVERSITY PRESS

内容提要

    本书是对我国大学外语教育政策实施的一项实证研究。作者对《上海市大学英语教学参考框架(试行)》(2013)的实施状况进行了调查研究,分析了在上海市四所高校执行和实施中存在的问题,并提出了解决方案。本书在理论与实践相结合的基础上构建了我国外语教育政策研究的模型,进行了广泛的实证调查和科学的数据分析,做到了定量和定性分析相结合,对上海市大学英语教学改革政策的修订具有积极意义的参考作用,同时,也为我国大学外语教育政策的理论研究和实际贯彻提出了建设性的建议。

图书在版编目(CIP)数据

大学英语教改转型时期的政策研究／ 张蔚磊著. 一
上海：上海交通大学出版社,2019
ISBN 978 - 7 - 313 - 19103 - 8

Ⅰ. ①大… Ⅱ. ①张… Ⅲ. ①英语—教学改革—研究
—高等学校 Ⅳ. ①H319.1

中国版本图书馆 CIP 数据核字(2018)第 133877 号

大学英语教改转型时期的政策研究
    ——以《上海市大学英语教学参考框架(试行)》为例

著　　者：张蔚磊
出版发行：上海交通大学出版社　　　　　　地　　址：上海市番禺路 951 号
邮政编码：200030　　　　　　　　　　　电　　话：021 - 64071208
印　　制：江苏凤凰数码印务有限公司　　　经　　销：全国新华书店
开　　本：710 mm×1000 mm　1/16　　　印　　张：11.75
字　　数：165 千字
版　　次：2019 年 6 月第 1 版　　　　　　印　　次：2019 年 6 月第 1 次印刷
书　　号：ISBN 978 - 7 - 313 - 19103 - 8/H
定　　价：74.00 元

版权所有　侵权必究
告读者：如发现本书有印装质量问题请与印刷厂质量科联系
联系电话：025 - 83657309

前　言

本书是对我国大学外语教育政策实施的一项实证研究。在大学英语教学改革的大背景下,本书对《上海市大学英语教学参考框架(试行)》(2013)的实施状况进行了调查研究,分析研究了其在上海市四所高校的执行和实施中存在的问题,并提出了解决方案。

本书共分5章。第1章主要介绍研究的缘起和背景,包括国内外研究动态以及研究的问题、方法和价值。第2章论述大学外语教学政策的基本概念和理论,包括教育政策及其评估理论和语言政策与规划理论。在澄清相关基本概念的同时,也为本书奠定了理论基础。第3章为大学外语教育政策文本分析研究,该部分为本书的重点之一,包括以下三个方面:① 我国大学外语教育政策历时研究,本文从政策制定的主体、语种规划、教师政策、课程设置、培养目标、教材与教法、测试与评估等七大方面,按照横向七个角度、纵向八个时间维度的方式对我国现有的大学外语教育政策文本内容进行系统梳理和研究;② 我国现有的大学外语教育政策的宏观生态分析;③ 我国各个时期的大学英语教学政策比较研究。第4章为大学外语教育政策研究模型的构建。在此部分,笔者构建了大学外语教育政策研究的模型、大学外语教育政策内容研究模型、大学外语教育政策实施研究模型、大学外语教育政策评估研究模型。第 5 章是实证研究,即对《上海市大学英语教学参考框架(试行)》的实施情况进行的研究,包括《框架》的制定过程—政策背景分析、《框架》的文本分析——政策内容分析、《框架》的执行效果调查研究。笔者对上海市四所高校的教师和学生就《框架》的实施现状进行了问卷调查和访谈,发现了其中存在的问题并探讨了相应的对策。本书可以为大学外语教育政策的实施研究奠定一定的基础。

　　本书在理论与实践相结合的基础上构建了我国外语教育政策研究的模型,进行了广泛的实证调查和科学的数据分析,做到了定量和定性分析相结合,该研究对上海市大学英语教学改革政策的修订具有积极意义和参考作用,同时,为我国大学外语教育政策的理论研究和实际贯彻提出了建设性的建议,奠定了扎实的基础。

目　录

第 1 章　绪　论

1.1 研究的缘起和背景

1.1.1 研究的缘起

20 世纪 90 年代，在语言教育政策与规划的研究中，人们并不重视外语教学政策与规划的研究，例如 Van Els 提到"外语教学很少被看作语言政策的决策对象"（2005）。20 世纪 90 年代以后，随着经济全球化以及教育国际化趋势的发展，外语教学特别是英语教学在世界各国的语言教育规划中占有越来越重要的地位。21 世纪初 Kaplan & Baldauf（2005）在研究东亚、非洲以及欧洲一些国家的语言教育政策后指出"随着英语全球化趋势的发展，应该把英语教育政策作为各国语言政策和规划研究的任务之一。"

21 世纪以来，世界多极化、经济全球化和文化多元化的趋势进一步加强，世界各国都意识到培养高水平的外语复合型人才的重要性。"世界上有 85％的国际组织使用英语作为自己的工作语言"，"20 世纪 90 年代以后，全世界尖端科学文献的共同语言和绝大多数国家研究生以上的教育,基本上都是以英语为语言轴心进行的"(刘海涛,2004)。随着英语国际化语言地位的日益稳固,各国都十分重视英语教育。英语教育规划已经成为各国语言政策规划中的一个重要部分。

作为一名语言政策的研究人员和大学外语教师,笔者深感研究我国大学外语政策与规划的重要性,不仅要研究政策的制定、政策的内容,还要研究政策的执行、政策的评估。唯有如此才能推动我国大学外语教育实践进一步向科学化方向迈进。

目前语言教育规划的主要理论大多是西方学者提出的,我国学者也有相关研究,如李宇明(2005,2010)。在以往研究中有学者回顾和总结了我国 1994 年至 2004 年关于语言规划和语言政策的研究成果,并指出当前对语言教育规划的研究比较缺乏(王辉,周玉忠 2005)。现有研究也主要集中在外语与母语之间关系的地位规划上,如维护汉语母语安全、加强汉语教育、增加外语教育语种以避免过热的英语教育等(参见左秀兰,2006;李芳,2004)。也有学者对我国 20 世纪 80 年代以来的语言规划研究进行了分类和总结,发现我国近三十年来的语言规划研究主要集中在语言规划史、地位规划和本体规划这三个方面,而语言教育规划和声望规划的研究则比较缺乏,少数涉及语言教育规划的研究也仅限于宏观理论的探讨,缺少具体的系统性的实证研究(邬美丽,2008)。

在现有的外语教育规划文献中,笔者发现对我国大学外语教育的各个环节(政策制定主体、语种设置、课程设置、培养目标、教师教育、教材教法、评估测试)进行深入研究的较少,从政策的制定、政策的内容、政策的执行和政策的评估等视角对我国大学外语教育政策进行的调查研究也不多见。因此本书拟从这两个角度来研究我国大学外语教育政策。

1.1.2 研究的背景

据《光明日报》(2015-2-3)报道,进入 21 世纪以来,我国已从"本土型国家"向"国际型国家"转变。最近几年,中国的经济全球化特征越来越明显。以上海为例,截至 2014 年 10 月底,外商在上海累计设立跨国公司地区总部 484 家,其中亚太区总部 24 家、投资性公司 295 家、研发中心 379

家。一方面,越来越多的跨国企业和机构落户中国,另一方面,越来越多的中国企业走出国门,进行跨国并购和投资。2013 年,我国境内投资者共对全球 156 个国家和地区的 5 090 家企业进行了直接投资,累计实现非金融类直接投资 901.7 亿美元,而这个数据在 2003 年只有 28.5 亿美元。但是,我们必须看到,虽然最近几年我国互联网企业、金融企业、能源企业、IT 企业等大都已经走到了国际前列,企业的国内市值巨大,但在国际市场上的份额还是很小,其主要原因就是缺乏国际化人才。原教育部高教司司长张尧学做了调查,发现印度软件行业的从业人员远少于中国,但其出口额为 100 亿美元,是中国的 6 倍多。“主要问题是我们大多数大学生的英语应用能力比较差,很难适应信息技术领域国际化进展的需要”。据统计,我国目前在海外工作的各类人员已超过 300 万,但在各行业内能熟练运用外语与国外客户洽谈业务、签订合同的人才非常稀缺。这种情况同样发生在学术界。根据英国工程技术学会中国区出版总监高文(Stuart Govan)介绍,中国科学家在 IET 提交的论文和最终发表的论文之比率仅为 16.5%,远远落后于日本和韩国,日本和韩国的平均发表率均达到了 25.2%。日本高校在 SSCI 和 A&HCI 这两大国际权威刊物上发表的论文是中国内地高校的 3 倍。清华大学的孙复初曾批评清华的学生“四、六级考试过关之后,英文文献读不了,英文论文写得一塌糊涂”。(蔡基刚,2015)上面这些事实说明,我国大学毕业生英语应用能力的缺陷已严重制约了我国国际化战略需求的发展和实现。

目前,大学英语教学已经历了 2002 年和 2007 年的两轮改革。全社会对大学英语教学质量的满意度似乎没有明显提高。现在,一方面,国家对大学生英语水平的要求愈来愈高,另一方面,不少学校在想方设法压缩大学英语课程的学分和学习周期(蔡基刚,2012;王守仁、王海啸,2011)。2014 年 11 月国际英孚教育发布 2014 年全球成人英语熟练度指标报告,调查结果显示中国大陆的成人英语水平为 50.15 分,落后于亚洲的韩国(53.62)、日本(52.88)、中国香港(52.50)、中国台湾(52.56),甚至越南(51.57),属于低熟练度。统计还表明,中国大陆成人英语水平最高的是从 18 岁到 24 岁这个年龄段,到了 24 岁后就开始走下坡路,英语水平逐渐退化,而亚洲其他国家和地区成人英语水平下跌情况直到 35 岁以后才开始出现。另外,在行业方面,中国大陆的公司员工英语水平也低于全世界平均水平,如在 IT 领域,中国大陆员工英语水平(46)远低于越南(62)、中国台湾(58)、韩国(55)和日本(54),同样,中国大陆金融、制造业等领域的员工英语水平也低于全世界平均水平。这些数据说明,我国大学毕业生的英语能力无法适应国家的国际化战略需求。此外,目前我国大学生的基础英语课也出现了普遍的懈怠,其原因有两个,一是课程内容和高中英语课程内容有重复,二是为学语言而学语言已经无法满足学生的专业学习需求或毕业后的职业需求(蔡基刚,2012)。

近几年,我国大学英语教学的未来发展方向也成为学界争论的焦点。有些学者认为我国大学英语的发展方向应该是学术英语,其原因是学生外语水平逐年提高,国际化需求进一步加强(蔡基刚、廖雷朝,2010;龙芸,2011)。有些学者则认为通识英语才应该是我国大学英语的发展出路,其原因在于英语的人文属性和通识教育的重要性(王哲、李军军,2010;杨枫、吴诗玉,2013)。还有些学者认为二者可以视各地区各学校的情况同步发展,他们认为学术英语和通识英语是互补的(殷和素、严启刚,2011;史光孝、赵德杰,2011)。不过,主张学术英语作为大学英语教学未来发展方向的观点似有占上风之势(胡开宝,2014)。2011 年 9 月起,清华大学开始在全校范围内推行学术英语(张为民、张文霞、刘梅华,2011)。2012年 7 月,上海高校大学英语教学指导委员会明确宣布将学术英语作为大学英语教学的主要方向,并着手制定了以学术英语课程体系建设为主要内容的《上海市大学英语教学参考框架》(蔡基刚,2012)。2013 年上海市教委正式颁布了《上海市大学英语教学参考框架(试行)》(以下简称"《参考框架》")并在 26 所高校开展专门用途英语教学的试点改革。到目前为止改革已经进行了四年。在专门用途英语逐步过渡到和通用英语齐头并进并有逐步取而代之趋势的情况下,对《参考框架》的实施状况和问题进行研究,有很大的必要性。

鉴于此类研究的重要性和必要性,笔者将对我国的大学外语教育政策《上海市大学英语教学(参考框架)》(2013)的实施情况进行调查研究。

1.2　国内外研究动态

1.2.1　国内外语教育政策研究综述

1.2.1.1　我国外语教育政策研究的文献计量分析

我国学者对外语教育政策的研究自 1993 年第一篇文章(郭家铨，1993)以来呈逐步发展的态势。据统计，1993—2012 年间，我国学者共发表该领域的文章 135 篇。从发文年度分布来看(见表 1-1)，1993—2003年这 12 年间，我国学界发表的相关论文总共仅 8 篇，有 5 个年度发文空白，年均不足 1 篇。而 2005 年一年就发文 5 篇，至今 8 年里一直呈增长态势，共发文 127 篇，年均约 16 篇，且从未间断(郝成淼，2013)。从我国外语教育政策研究发文数量阶段分布上看(见表 1-2)，可将 1993—2014年这 20 年间我国外语教育政策研究的发展划为三个阶段：第一阶段为起步阶段(1993—2004)，这一阶段的研究基本都是仅与外语教育政策有关，而非直接以外语教育政策为课题，且罕见代表性成果(仅有一篇教育类核心期刊论文)；第二阶段为发展阶段(2005—2007)，这一阶段学界认识到外语教育政策的研究价值，开始直接将其作为课题，多篇论文的篇名即包含"外语教育政策"字样，且出现了较多代表性成果(总共 22 篇论文中有 11 篇外语类和教育类核心期刊论文)；第三阶段为加速发展阶段(2008—2013)，这一阶段每年发文都达两位数，代表性成果开始涌现(总

表 1-1　我国外语教育政策研究发文数量年度分布(郝成淼，2013)

年　度	93	94—95	96	97—99	00	01	02	03	04
篇　数	1	0	1	0	1	1	2	1	1
占比(%)	0.7	0	0.7	0	0.7	0.7	1.5	0.7	0.7

年　度	05	06	07	08	09	10	11	12	合计
篇　数	5	8	9	13	15	15	34	28	135
占比(%)	3.7	5.9	6.7	9.6	11.1	11.1	25.2	20.7	100

表 1-2　我国外语教育政策研究发文数量阶段分布(郝成森,2013)

阶　　段	1993—2004	2005—2007	2008—2012	合　　计
总篇数	8	22	105	135
总占比(%)	5.9	16.3	77.8	100
核心篇数	总数 1 教育数 1	总数 11 外语类 4 教育类 7	总数 53 外语类 24 教育类 27 社科综合类 2	总数 65 外语类 28 教育类 35 社科综合类 2
核心占比(%)	12.5	50.0	50.5	48.1
其他类非核心篇数	0	0	12	12

共 105 篇论文中有 53 篇外语类、教育类和社科综合类核心期刊论文),但研究成果良莠不齐的局面也开始凸显(仅本阶段出现其他类非核心期刊论文)(郝成森,2013)。

1.2.1.2　我国外语教育政策研究的内容分析

国内关于外语教育政策的研究按其研究内容可以分为:外语教育政策的基本理论研究、外语教育政策历史及其批判性研究、外语教育政策的必要性研究、我国外语教育政策的对策研究、微观外语教育政策研究、宏观外语教育政策研究、外语教育政策的国际和地区间比较研究七大主题。

第一,外语教育政策的基本理论研究。专门从事外语教育政策的理论研究并不多见,有个别学者利用教育政策学的研究框架构建了外语教育政策的三维研究框架,即过程维度、内容维度、价值维度(沈骑,2011),有的学者把语言学和语言经济学作为外语教育政策研究的理论视角(徐启龙,2010;程晓堂,2012),分析外语的内在规律和外部因素。有的学者对我国外语教学理论进行了回顾研究(束定芳,2009)。

第二,外语教育政策历史及其批判性研究。陈章太(2005)等学者对我国改革开放以来在语言政策和规划方面的研究分别做了相关的总结和探索。戴炜栋(2008,2009)、胡文仲(2001,2009)、王守仁(2008)、张正东(2005,2006,2007)等学者回顾和反思了自新中国成立 60 年以来和改革开放 30 年以来外语教育政策及其制定和规划的得失。学者们在肯定成就的同时,反思了历史上我国外语教育政策规划的失误。研究的主题主要有:外语教育语种单一化与需求的多样化的矛盾、英语和母语(汉语)相互关系和地位(金志茹,2008)、外语考试政策的偏失(鲁子问,2008)、外语教育的区域及城乡差异矛盾(金志茹、李宝红,2008)、地区多样并存与无目的语环境等外语教育的国情研究(张正东,2005)、外语人才培养模式更新(金志茹、丁朋蓉,2008)、外语教学的"费时低效"(胡壮麟,2002)等。

第三,外语教育政策的必要性研究。张正东指出我国缺乏成套的外语教育政策,而缺乏有关外语政策的研究是制约我国外语教育全局的大问题(张正东,2005),此后越来越多的学者开始关注外语教育政策的研究,如鲁子问(2006)、张沉香(2011)等。一些学者从社会现实需求的角度出发,研究了外语教育政策规划的必要性(鲁子问,2006)。我国的外语教育政策存在着过于重视应试教育、政策目标迷失等现象,与社会实际需求严重脱节(朱中都,2007),我国当前的各项外语教育政策与我国社会发展对国家外语能力的需求出现比较严重的偏差(沈骑,2009)。一些学者从文化与语言关系的角度出发,认为我国外语教育政策由于长期以来忽视语言与文化的共存依赖关系,导致外语教育规划中缺少跨文化教育(吴鼎民,2005)。也有学者从国家战略视角剖析语言教育的战略重要性(李宇明,2008)。有的学者从宏观教育政策视角进行研究,发现我国外语教育政策规划在整个教育规划中处于严重缺位状态。他们提出外语教育政策需要对外语地位和外语本体进行系统研究和规划,外语教育政策应当对外语教育目标、教师队伍和外语测试等环节进行重点研究(鲁子问,2005)。

第四,我国外语教育政策的对策研究。不少学者对外语教育政策的制定和规划提出了建设性的意见和改革策略。1983 年许道思就指出首先要明确外语教育的重点,如哪些人最需要掌握外语、国家需要培养哪种类型的外语人才、培养的学制和途径等(许道思,1983)。群懿(1987)在回顾我国 20 世纪 50 年代外语教育政策的变化时,探讨了外语教育的数量与质量、普及与提高、重点与一般、主要语种和各种外语教育的形式和层次的地位和比例关系。他指出要处理好外语和意识形态、社会制度的关系,外语和国家对外政策的关系。近年来,有学者从教育规划角度提出建立科学的外语教育规划,制定出科学、合理、有效的外语教育政策,提出合理的外语教育目标,改革外语考试,强化外语师资培养,改革外语课程与教学等建议(鲁子问,2006,2007,2008)。有学者从培养目标的角度,提出制定人才培养目标首先要对社会需求、教育资金和学习者基础等因素进行透彻的分析,如蔡基刚(2003)、韩宝成和刘润清(2008)、陈国华(2008)。有些学者从需求分析的视角,指出首先需要调查评估我国对不同水平外语人才需求的数量和层次(张正东,2006)。有学者从政策系统视角提出外语教育政策一方面应采用先进的政策制定分析技术,同时扩大范围,让更多的专家学者参与教育政策的制定,确立和提高专家学者和政策分析人员在外语教育政策制定中的作用,提高其科学性;另一方面,在政策制定的过程中,运用多种渠道让公众共同探讨政策的可行性,体现政策民主化的要求(张沉香,2007)。也有学者从宏观生态视角进行研究,认为我国外语教育政策受政治、经济、国际环境影响较大,通常我国外语教育政策由中央政府直接参与制定,民众参与较少,因此构建民主、科学的政策决策机制是提升我国外语教育质量的重要保证(张沉香,2007;张蔚磊,2010)。此外还有从理论和实践视角研究改革策略的,如戴炜栋、王雪梅(2006),金志茹(2010),于晨凌(2010)等针对我国外语教育理论研究与教学实践中所存在的问题,提出以本土性、多元性、发展性为原则,从外语教育研究、师资教育、外语人才培养三个维度建构具有中国特色的外语教育体系。还有学者从外语教育的社会功能视角进行研究,如地域性外语语种的选择、成立外语教育咨询机构、设立统一的权威考试机构(杨德祥,2005)。

以上这些对策性研究都有一定意义,为后人的研究奠定了基础,但是这些对策和建议大都比较宏观,缺乏具体的操作策略和可行方案。

第五,微观外语教育政策研究。微观外语教育政策研究主要包括地方与民族外语教育政策的研究、不同教育阶段的政策研究以及外语教育内部各个细节的研究等。

鉴于我国长期忽视根据地方所处区域实际情况以及地方经济社会发展状况对外语人才的特殊需求来制定地方性外语教育政策(李丽生,2011),学界近些年也开始关注地方与少数民族外语教育政策,例如"在外语教育的规划中,既要突出对世界性语言的特殊关注,也要充分考虑地区性语言的关键所在"(刘利民,2009)。张正东于 2002 年率先提出为西部大开发制订外语教育政策。他呼吁国家要采取积极措施支持研究少数民族地区的外语教学,为少数民族地区制定专门的外语课程标准、教学大纲和外语教材,加强西部地区外语师资的培养,提高西部外语师资的质量(张正东,2002)。此后,地域外语教育研究开始兴起,如极具地域特色的广西外语教育政策研究(陈光伟,2007;陈兵,2012)。关于少数民族外语教育的研究也开始起步,例如杨玉(2012)详细阐释了少数民族外语教育的文化使命问题。

也有不少研究是针对我国不同教育阶段的外语教育政策,如关于高校外语教育政策的研究(沈骑,2010),关于基础外语教育政策的研究(韩宝成,2008)。

其他微观层面的研究包括我国外语考试制度(鲁子问,2004),外语教育投资的成本与产出(鲁子问,2006),学习者国际视野、跨文化沟通等外语能力(柯飞、傅荣,2008),外语教师教育观念和知识能力(刘学惠,2005)与教师专业发展理论(王斌华,2005)等。

外语教育的发展既取决于国家教育资源的配给,也与学生原有水平的高低、教师的教学能力和水平、外语学习规律等诸多因素相关。在有关的文献中,这些涉及外语教育发展的本体研究占了相当的比例。

第六,宏观外语教育政策研究之"国家安全与外语教育政策"研究。关于这一主题很多学者提出了自己的观点,他们认为外语教育政策事关国家文化利益、教育价值取向、经济发展、社会进步等,受多维制约因素影响(曹迪,2012;刘炜,2012;王克非,2011;鲁子问,2008;张贞爱,2011)。外语教育政策与社会政治安全(赵蓉晖,2010)、外语教育与新型国际关系(贾爱武,2007;刘海涛,2006;李宇明,2010)等更成为近几年来学术界的新热点。

　　这些研究指出,随着我国国际地位的提高、实力的增强,我国正在由本土型国家转向国际性国家。在这一过程中,为维护国家统一、保护国家经济安全,必须用新思维研究外语教育规划,将国家安全纳入我国外语教育政策的总目标。这种大安全观和新思维给我国外语规划提出了明确的目标:外语应成为维护中国国家安全利益的有力手段。

　　外语语言战略不仅需要考虑到国家资源、市场需要等因素,更要符合全球化时代一个国家的整体的语言战略,也要符合该国在世界舞台上的政治、经济和文化的定位。

　　第七,外语教育政策的国际和地区间比较研究。随着语言政策研究的深入,一些研究者采用了新的研究视角,即外语教育政策的国际比较研究。譬如,周庆生(1999)主编的《国外语言政策和语言规划进程》一书,通过编译国外语言政策理论和经验,较为全面地反映了当今世界主要国家的语言政策。此后,越来越多的学者对该主题进行了较为深入的研究。如中国社会科学研究院民族研究的研究报告《国家、民族与语言——语言政策国别研究》(2004)论及22个国家的语言政策,覆盖了发达国家、中等发达国家与发展中国家。还有周玉忠、王辉(2004)的专著《语言规划与语言政策:理论与国别研究》。

　　该主题以对美国、欧洲和澳大利亚的研究居多,这些地区的共同特征是语言多元、文化多元,所以研究这些国家的语言政策极具借鉴意义。关于美国的研究较有代表性的专著是蔡永良的《美国的语言教育和语言政策》(2007),它采用了历时研究方法,分析了美国的语言教育和语言政策,揭示了美国历史上的"唯英语化"教育运动及其对印第安部落的语言同化政策。通过对美国各时期的外语教育政策的梳理和分析(贾爱武,2007;张蔚磊,2014),研究美国外语教育现状和政策的演变(刘文宇,2010),学者们发现其外语教育政策始终是以国家安全为取向的(贾爱武,2007;鲁子问,2006),他们的目标是致力于建立国家语言资源和人才储备库(龚献静,2012)。美国所采取的改革课程标准、更新教学手段、建设师资队伍等方法来提高政策执行效果(李蕊,2007)的做法值得我国借鉴。不过也有学者认为像美国那样把外语提升到国家安全高度,可能导致偏离外语教

育根本目标、偏离公民教育本质等负面效应(宋娜娜,2001)。此外,关于
美国外语教育政策的负面影响,我国应引以为戒,譬如有学者指出美国没
有明确而连贯的国家外语教育政策,美国在制定政策时没有考虑民主的
需求等(张蔚磊,2014),这些都值得我国吸取教训。

　　对澳大利亚语言政策的研究主要聚焦于外语教育政策背后的经济价
值。澳大利亚强调外语的经济效用,他们认为加大外语教育的经济投资
与长远规划有助于引进资金、技术和借鉴管理经验(罗爱梅,2010)。澳大
利亚实行的优先化语言政策、强化亚洲语言的教育(王辉,2010)、注重外
语教育语种多样化和学生发展个性化(张沉香,2009)等经验值得我国
借鉴。

　　对欧洲外语教育政策的研究主要集中于对欧盟语言政策文件的分
析。例如何艳铭(2005)对"欧盟语言教学与评估共同纲领"进行了专项解
读和分析。傅荣(2003,2008)分析了欧洲的外语教育政策,总结了欧洲
"语言多元化"的特点。此外,也有对联合国教科文组织"语言多元化"教
育战略进行的研究,如沈骑(2009b)。

　　此外,也出现了少量关于德国(张建伟、王克非,2009)、法国(戴冬梅,
2010)、荷兰(施健、余青兰,2008)、英国(程晓棠,2006)、泰国(王进军,
2011)等国家以及东亚(沈骑,2011)等地区外语教育与政策的论文。这些
文章都从不同视角分析了国外外语教育政策对我国的启发。还有个别的
"中外外语教育政策比较"的文章,如张沉香(2012)。但对国外外语教育
政策的执行和评价进行深入分析和研究的文章尚不多见。

　　关于港澳台外语教育与政策的论文较少,例如顾永琦(2005)对香港
双语教学的研究,罗丹(2004)对香港基础教育阶段的外语课程发展的研
究,熊南京(2006)对台湾语言政策(1945—2006)进行的专题研究。

　　总之这部分研究普遍以单个国家和地区为研究对象,研究侧重于描
述而轻于比较。在以上研究中笔者发现对外语教育政策实施与评价的研
究不多。政策过程包含政策制定、政策执行(实施)、政策评价与政策调整
(改革)四个环节。政策实施和评价对外语教育政策研究至关重要。因
此,笔者拟从政策实施角度进行实证研究。

1.2.1.3 我国外语教育政策的研究方法分析

大部分学者采用的研究方法为定性研究,也出现了少量的定量实证研究,如郝成淼(2013),也有简单介绍相关研究方法的文章,如邹为诚(2011)。

据郝成淼 2013 年的统计发现,近 20 年来,我国外语教育政策研究方法逐渐多元,其中定性研究占较大比重,描述性研究约占 1/4,定量研究在近 5 年也开始出现(尽管成果甚少)。随着研究阶段的递进,研究视角也越来越广。总体来看,学者们选取的主要视角是政策学(政治学)和教育学,分别占近 60% 和近 25%;其他学科视角累计不足 20%,包括经济学、文化学、语言学、哲学、神经科学和发生学。(见表 1 - 3)

表 1 - 3　我国外语教育政策研究方法与视角情况(郝成淼,2013)

方法/视角	定性研究	描述性研究	定量研究	合计	政策学/政治学	教育学	经济学	文化学	语言学	哲学	神经科学	发生学
1993—2004	1	2		3	1	2						
2005—2007	17	1		18	9	7	1		1			
2008—2012	55	22	3	80	47	16	5	4	2	3	2	1
合　计	73	25	3	101	57	25	6	4	3	3	2	1
占比(%)	72.3	24.8	3.0	100	56.4	24.8	5.9	4.0	3.0	3.0	2.0	1.0

1.2.1.4 相关研究中心、学术会议和立项情况分析

2009 年 12 月 5 日,以"国际视野与国家发展战略中的中国外语教育"为主题的首届中国外语战略与外语教学改革高层论坛在上海外国语大学举行。这次会议标志着我国外语教育规划正在从民间学术交流走向政府的政策决策过程。此后每年都有外语教育政策类会议,如 2013 年 12 月,在上海外国语大学举办了"语言与未来首届高峰论坛",论坛对外语教育进行了全面的反思。

综上所述,对外语教育政策的关注近几年来逐渐升温,这说明越来越多的外语教育工作者和政府决策机构都逐渐意识到没有科学的、合理的外语教育政策的规划,就不可能对现有的外语教育进行深刻的改革。目

前,外语教育政策研究主题、方法与视角均已呈现多元局面,但都还有待更大的突破。截至目前,我国外语教育政策研究已涉及基本理论研究、史学研究和批判研究、对策研究、国际比较研究、国家安全层面宏观研究和地域外语教育的微观研究等研究主题,但不同主题内容之间在成果数量与质量方面差别很大,在诸如港澳台外语教育政策、外语教育政策实施和评价研究等一些重要主题的研究方面非常不够,仍需加大力度。研究方法方面,定性研究占绝大部分,多侧重于对外语教育发展历史的评述、多项外语教育制度的解读等。定量研究与描述性研究相对不足,调查研究更是不多见。

因此本书拟从外语教育政策实施情况的视角入手,采用问卷调查和实地考察等方式进行研究。

1.2.2 国外研究动态

国外关于语言政策的研究主要集中于语言规划理论和一些国家语言规划的实践研究,经笔者梳理可以分为如下几类:

(1) 语言规划的理论研究。Cooper R. L.(1989)和 Tollefson(1991)对语言政策与规划概念、内涵进行了学术探讨,认为语言规划是一种有意识的活动或行为;他们认为语言规划的目的是要解决语言交际问题,涉及语言学和非语言学方面的内容。Baldauf(1994)和 Gottlieb(1994)对语言规划与语言政策之间的关系进行了梳理。Heinz(1967),Kaplan & Bauldauf(1997)对语言规划类型进行了研究,他们认为语言规划分为两大类,即地位规划和本体规划。Haarmann 于 1986 年提出声望规划。Cooper(1989)引入了一个新的分类,即习得规划。此后 Kaplan & Bauldauf(2003)又把最初的习得规划这一概念进一步发展为语言教育规划。

(2) 语言规划的实践研究。这主要有 Hamid(2010),Gupta(1999)对亚洲国家基础语言教育及规划进行的研究、Kaplan 和 Baldauf 对欧洲语言规划(2005)和泛太平洋地区语言规划(2003)进行的研究、Kirkgo(2003)对土耳其语言政策的研究、Nunan(2003)对亚太地区英语教育政策的研究、赵守辉(2009)对新加坡语言政策的研究、Song(2011)对韩国官方语言政策的研究、Hamid(2011)对孟加拉国英语教育政策的研究等。

（3）宏观语言规划研究。宏观语言规划的专著较多，主要有 Van Els (2005)的《语言地位规划》、Liddicoat(2005)的《语言本体规划》、Baldauf 和 Kaplan(2005)的《语言教育规划》、Ager(2005)的《语言地位规划》、Cooper(1989)的《语言规划和社会变革》、Haarmann(1990)的《语言规划方法论》、Fishman(1974)的《语言规划与语言研究》、Mühlhaulser(2000)的《语言规划与语言生态》、Ricento(2000)的《语言规划的历史理论研究》、Hornberger(2006)的《语言规划的框架与模型》等。

（4）微观语言规划研究。微观语言规划的主要代表有 Baldauf(2010)的"微观语言政策研究"，Snow & Brinton(2006)，Walker & Fortune (2005)，Nguyen(2010)，Medgyes(1994)等对语言教师教育政策的研究，Grin(2000)对语言规划中经济学的研究，Hornberger(2002)的"生态语言规划中的多语政策研究"，May(2001)的《语言规划与少数民族的权利》，Arthur(1996)，Probyn(2005)对课堂语言规划的深入研究，Tollefson (1981)对语言规划在二语习得中的角色的研究等。

1.3 研究的问题和方法

本书以我国大学外语教育政策为研究对象，在系统梳理国内外研究现状的基础上，对我国现有的大学外语教育政策的文本进行系统分析，构建大学外语教学政策研究的基本框架，在此基础上对当下的大学英语教育政策——《上海市大学英语教学参考框架(试行)》进行实证研究，采用问卷调查和实地考察的方法，研究现行政策在实施中存在的问题，为进一步完善我国的大学外语教育政策提供参考。

研究的问题主要有：

（1）从政策文本的角度考察我国现有的和现行的大学外语教育政策的内容。

（2）从历时的角度考察现行的《上海市大学英语教学参考框架（试行）》出台的必要性。

（3）研究现行的《上海市大学英语教学参考框架（试行）》在实施过程中的问题。这些问题的缘由是政策本身的问题抑或执行者的问题？是教师层面的问题抑或是学生层面的问题？如何解决这些问题？有哪些可行性建议？

（4）如何评价《参考框架》？

本书从理论分析（教育评估、语言政策与规划理论）和大规模测试两个角度开展研究工作。

（1）文献法：系统梳理本书所涉及的外语教育政策、政策评估、语言政策、语言规划等核心理念，深入分析语言政策与规划、语言政策评估等不同理论所涉及的相关内容，以此形成本书的理论基础。比较国内外研究动态，对国内现有的研究按照七大主题（外语教育政策的基本理论研究、外语教育政策历史及其批判性研究、外语教育政策的必要性研究、我国外语教育政策的对策研究、微观外语教育政策研究、宏观外语教育政策研究、外语教育政策的国际和地区间比较研究）进行梳理分析。

（2）历时研究法：对我国现有的大学外语教学政策的内容从横向七个维度（政策制定的主体、语种规划、教师政策、课程设置、培养目标、教材与教法、测试与评估）、纵向八个时间段进行系统梳理研究。

（3）调查法：采用问卷访谈和考察的方式对学生群体、教师群体在上海市四所高校进行问卷和访谈调查，分析转录的文本。同时选取某大学作为实地考察对象展开个案分析。结合文献研究和调查研究的成果，剖析现行政策及其在实施中存在的问题，发现原因，寻找对策。

1.4 研究的价值

本书有助于我国外语教育政策，尤其是大学英语教育政策研究理论基础的建设，有助于拓展大学外语教育政策研究的方法和模型。本书立足于我国大学英语教育政策的系统研究,通过对《上海市大学英语教学参考框架(试行)》的实证研究,尝试探寻一套具有理论指导意义、能有效支持外语教育政策研究的理论模型体系,为推进我国外语教育政策理论与实践的研究奠定基础。

此外,由于《上海市大学英语教学参考框架(试行)》主要推行的是高校学术英语教学,因此本书有助于调查学术英语在各高校(26个试点学校)的实施情况,发现学术英语试点教学中现在存在的问题,并探讨解决办法,为学术英语在全国的推广奠定坚实的基础。

第 2 章　大学外语教育政策的基本概念和理论

2.1 大学外语教育政策的基本概念

教育政策是一个政党和国家为实现一定历史时期的教育发展目标和任务,依据党和国家在一定历史时期的基本任务、基本方针而制定的关于教育的行动准则(引自《中华人民共和国教育法》)。

外语教育政策是国家为实现一定历史时期的外语教育发展目标和任务,满足特定历史时期对外语的需求,依据国家在一定历史时期的基本任务、基本方针而制定的外语学科教育的行动准则。它是教育政策在外语学科的具体体现。本书认为广义的外语教育政策包括外语教育政策问题、外语教育政策背景、外语教育政策内容、外语教育政策的执行和评估。狭义的外语教育政策包括外语教育政策问题、外语教育政策目标、外语教育政策方案、外语教育政策实施的方法。其中外语教育政策方案又涵盖规划主体、语种选择、教学目标、课程设置、教材配套、教学方法、教学内容、教学模式、测试与评估和师资政策等内容。

在本书中,我们又称外语教育政策方案为外语教学政策,以对应读者所熟知的各类的、各个学段的外语教学大纲、外语教学标准、外语教学要求等。

2.1.1 通用英语的含义

通用英语是以英语语言为媒介开展的通识教育,它以语言基础知识传授和语言应用能力培养为主要内容,包含当代接受高等教育的人"应知应会"的通识教育内容(吴鼎民、韩雅君,2010),旨在"培养学生的跨文化交际能力,提高学生对外交流的能力,培养学生的人文素养,使学生在接受西方英语国家文化的同时,有能力传播中国文化和文明"(殷和素、严启刚,2011:9)。

2.1.2 专门用途英语的含义

专门用途英语是在第二次世界大战以后,随着国际科学、技术、经济和文化交往日益扩大而发展起来的一门学科。Stevens(1988)认为"和学校里的通用英语不一样,专门用途英语课程的目的和内容是由学习者对英语学习的实际需求所决定的"。也就是说前者没有明确目的,仅仅是学习一门外语,而后者根据学习者需求制定了明确的内容。根据 Stevens 的观点,学术英语教学的属性可归纳为四方面:① 课程设置需满足学习者的具体需求或特别要求;② 课程内容必须与某些特定的学科、职业及活动有关;③ 侧重于使词汇、句法和篇章结构应用符合特定学科、职业或活动的要求;④ 与通用英语形成对照(转引自 Flowerdew & Peacock,2001:13)。这些观点为实际开展专门用途英语教学奠定了理论基础。

Hutchinson 和 Waters(1987)出版了关于专门用途英语的重要著作,这本书对专门用途英语进行了更为确切的定义和分类。他们认为英语教学课可以分成第二语言教学和外语教学。外语教学又可分为专门用途英语(ESP,English for Specific Purposes)和通用英语(GE,General English)两类。专门用途英语又可分为科技英语、经贸英语和社科英语,这三个分支又可以根据不同的目的派生出学术英语(EAP,English for Academic Purposes)和职业英语(EOP,English for Occupational Purposes)。

蔡基刚(2012)认为 ESP 可以分为通用学术英语(EGAP)、专门学术英语(ESAP)和行业英语(EOP)。

2.1.3　专门用途英语的作用

专门用途英语第一次把英语学习从单纯的语言学习提升到了内容学习,第一次把以考试为目的的外语学习转变到根据自身需求或社会需求的外语学习(蔡基刚,2012)。专门用途英语教学目标明确,直接面向学习者的特定需求,其教学目标"由学习者的语用功能或实际英语运用需求决定"(Strevens,1977),特别强调"学习外语的动因"(Hutchinson & Waters,1987),即是为了掌握教育体系内为学习目的服务的英语交际技能(Jordan,1997)。它基于需求分析,可以清晰地勾勒出学习产出所应达到的水平(Blue & Archibald,1999)。学术英语作为手段或途径可以满足学生使用英语进行专业课程学习的要求。英语作为课程的学习内容或教学媒介,要求学生用英语完成学业,参与课堂讨论以及提高专业知识水平(Sinha & Sadorra,1991)。学术英语课程除了帮助学生应对用英语上的专业课程外,还培养学生在某一学术领域内的学术交流能力(Hyland & Hamp-Lyons,2002)。

根据二语习得理论,动机或目的是影响外语学习的重要因素。内在动机来自学习者对某一学习内容或学习任务的浓厚兴趣;外在动机来自日常工作和生活需要。二语习得理论认为内在动机更有利于外语学习,因为内在动机持续时间较长。因此,基于内容学习的学习目的更加明确,因而动机更高。也就是说 ESP 教学效率要大大高于为学习语言而学习语言的通用英语(蔡基刚,2012)。

2.1.4　学术英语的含义

学术英语是"正规教育体系中以学业用途为目的的英语交流技巧"(Jordan,1998:1),是学生接受高等教育获取学士、硕士或博士学位所须掌握的英语语言技能。学术英语把重点放在学术环境中某一特定群体的交流需求上(Hyland & Hamp-Lyons,2002),其主要目的是用以学习新知识和技能、传授知识、描述抽象概念、发展学生的概念性理解(熊淑慧、邹为诚,2012:54)。

维基百科对学术英语做了如下的解释"EAP entails training students, usually in a higher education setting, to use language appropriately for study"。学术英语(EAP)可分为通用学术英语(EGAP)和专门学术英语(ESAP)两种(Jordan 1998:4－5)。EGAP 侧重各学科英语中共性的东西,即培养学生在专业学习中所需要的学术英语口语和书面交流能力,例如用英语听讲座、记笔记、查找文献、撰写论文和参加国际学术会议等。最早是英美大学"为国际留学生开设的预科性质的英语强化课程,目的是帮助学习者能够以英语作为教学语言学习专业课程或从事研究活动",为专业学习提供语言支持(Jordan,1998;Dudley-Evans & St. John,1998; Flowerdew & Peacock,2001;Hyland,2006)。ESAP 侧重特定学科(如医学、法律、工程等学科)的语篇体裁以及工作场所需要的英语交流能力。EGAP 是"适合所有专业学生的具有共性的学术能力的教学",侧重能力的培养,属于共性的东西。ESAP 是"适合具体专业特点的英语及其技能的教学"(Dudley-Evans & John,1998),更注重对某一学科的词汇、语篇、体裁、修辞的教学和交流技能的培养。

目前我国大学新生的英语水平普遍提高,学生学习普通英语的兴趣不大,开设学术英语课程能够满足学生通过英语进行专业学习的需求,可以有效应对高等教育国际化背景下高校专业课程学习对学生英语水平的要求。学术英语在一定程度上可以满足社会对既精通专业业务又具有较强外语能力复合型人才的需求。因此很多学者认为学术英语可以作为我国大学英语教学未来的发展方向(刘润清,1996;秦秀白,2003;蔡基刚,2004;张杰,2005)。

2.2 大学外语教育政策实施研究的理论基础

《上海市大学英语教学参考框架(试行)》不仅是一项具体的语言政策,而且也是一份重要的教育政策。因此对其进行研究需要依据相关的教育政策理论和语言政策与规划理论。

2.2.1　教育政策理论

2.2.1.1　教育政策和教育政策评估的基本含义

我国学者对于教育政策的理解有不同的表述,选择何种定义取决于分析的意图。有学者认为"教育政策是一种有组织的动态发展过程,是政党、政府等政治实体在一定历史时期、一定的教育目标和任务下协调教育的内外关系所规定的行动依据和准则"(孙绵,1997)。他们认为,教育政策既是一个过程,又是某种准则或依据。笔者认为,评估教育政策的过程和效果比评估教育政策文本更具价值。

教育政策的根本目的是促进教育事业发展,进而实现人的全面和谐发展。教育政策对教育实践具有导向、协调、控制和规范的作用,这种作用是通过政策所表明的价值导向和制定的行为准则实现的。通过教育政策解决和调整教育领域的社会问题和社会关系,以促进教育事业的健康发展,培养适应社会需要的各类高素质人才。

教育政策的表现形式是政策文本的总和。政府等社会公共权威机构关于教育领域政治决策的结果,如方针、法律、决定、计划、纲要、细则、条例、方案、措施等是用文本的形式来表达的。这些政策文本具有不同的层次:一是国家总体的教育政策文本,包括基本教育政策和具体教育政策;二是某一教育领域的政策文本,如义务教育政策、职业教育政策、高等教育政策等;三是某一单项教育政策文本,如高校扩招政策、"两免一补"政策等。教育政策按内容可分为教育质量政策、课程政策、学生政策、教师政策、教育管理政策等(孙绵涛,2002)。

对于政策评估,不同背景的学者有不同的界定。本书采取 E. S. 奎德的观点,即"教育政策评估从广义上讲是确定一种教育价值的过程分析,狭义上讲是调查一项进行中的教育计划,就其实际成就与预期成就的差异加以均衡。"(王迎、李翠红、杨奎志,2010:7-10)

2.2.1.2　教育政策评估的功能

从政策科学的发展过程看,教育政策评估的重要性来源于其在实践过程中所发挥的实际作用,这些作用是客观存在的,也是主观追求的。

教育政策评估的功能主要有:提升教育政策质量,决定教育政策去向,强化教育行政责任,合理分配教育资源,为公众提供教育政策信息(高庆蓬,2008)。

第一,提升教育政策质量,这包括:

(1)优化教育政策方案。教育政策执行前评估的重要目的就是评估政策方案,通过对政策目标、政策方案的可行性、政策方案的构成要素等进行评估来优化政策方案,以保证教育政策的质量。

(2)提供教育政策运行的信息。教育政策评估可以运用科学的方法,针对政策绩效进行系统评估,以指出政策达成目标的范围和程度以及社会对这项政策的需求和价值判断。

(3)有助于政策制定的科学化、民主化。教育政策制定的科学化、民主化是教育行政体制现代化的要求,也是保证教育政策质量的制度基础。教育政策评估本身客观上要求民主化。评估需要政策制定者、执行者及目标群体的共同参与,需要广泛的民主评议。

第二,决定教育政策去向,包括促进教育政策革新和决定教育政策的延续、改进或终结。通过政策评估,教育政策的发展主要有三种去向:政策延续、政策改进和政策终结。

(1)政策延续,即政策问题尚未获得解决,政策目标还没有完全实现,而实践证明政策本身是卓有成效的,政策的延续有助于进一步扩大政策效果。

(2)政策改进,即决策机构或决策者针对政策执行过程中所遇到的新情况和新变化,或是通过对政策问题认识的深化,或由于政策环境和政策系统的变化,而对教育政策做出的相应调整和修正。

(3)政策终结,即完全停止政策的执行,终止政策的使命。政策终结有两种原因,一是政策问题已获解决,政策已没有继续存在的必要;二是由于政策环境发生重大变化,或已证明政策存在严重缺陷,政策改进已无可能,只有制定新的政策来替代。无论哪种政策去向,都需要事先对教育政策进行全面、系统的分析,这也是政策评估作用的直接体现。教育政策的革新首先要把握教育发展的新趋向,其次需要深刻认识原有政策的缺陷与不足,之后再提出新的预案。教育政策评估对于促进政策革新具有积极的意义。

第三,强化教育行政责任。教育政策执行力的评估不仅可以检验教育政策效果,还可以完善教育行政问责制度。一项为适应教育发展而制定的新的教育政策,当它投入运行以后,究竟产生了怎样的实际效果? 对目标群体的态度和行为有哪些实际影响? 这是不能凭感觉做出的。对教育政策效果的检验,需要利用一切可行的技术和手段收集相关信息,并在此基础上加以分析和科学阐释,以确认政策执行状况的优劣、政策目标实现的程度、政策资源投入产出的比率,从而得出教育政策的实际效果。此外,教育政策的评估还有助于合理分配教育资源,为公众提供教育政策信息。

第四,合理分配教育资源。教育政策的运行离不开教育资源,良好的政策运行与资源配置是否合理、有效密不可分。教育政策评估对于配置教育资源的意义,首先表现在教育政策的制定过程中。一个良好的政策方案的构思与形成,必然考虑到资源配置的优化,必然有对政策实施可行性的深思,还要对照以往的政策资源配置情况,总结经验,吸取教训,以优化政策方案。教育政策评估对于配置教育资源的意义,更多地表现在政策执行过程中。通过政策评估,能够对受政策系统影响的各种信息加以反馈,从而确认某一政策的实际价值,并据此确定和调整该项政策的资源分配顺序和数量,以满足不同政策目标群体的要求,在保证最大限度实现公平和效率的基础上,寻求最佳的政策效果。

第五,为公众提供教育政策信息。教育政策评估可以向政策制定者、执行者、目标群体、社会公众等提供政策的相关信息,创造一个交流信息和发表建议的场所,形成良好的政策环境氛围。对社会公众而言,教育政策评估信息,既可重新厘清政策是否符合利益相关者的价值诉求和需要,又可实现一般公众的知情权,明确政府的政策及其效果是否符合民意。

2.2.1.3 教育政策评估的原则

教育政策评估及指标体系的设计要遵循以下原则：有效性原则、可操作性原则、独立性原则、系统性原则、可比性原则、动态性原则。

第一，有效性原则。有效性原则是指所设计的评估指标体系必须与所评估对象的内涵与结构相符合，能够充分地反映政策评估标准，与教育政策的价值和目标相一致。在教育政策评估中，若以政策方案为直接对象，那么它的指标就必须与教育政策的价值取向相一致，政策目标要合理，政策措施要得当。若以政策效果为直接对象，那么它的指标就必须与预期政策目标相一致，即能够准确测评教育政策活动完成目标的程度。笔者在第 5 章设计调查问卷的过程中就遵循了这一原则。

第二，可操作性原则。指标的可操作性就是指标作为具体的目标，应该是用可操作化的语言加以定义，它所规定的内容是可通过实际观察加以直接测量以获得明确结论的。可操作性要求所建立的指标体系具有可行性，指标的数据易采集，利于掌握和操作。具体要求有：

（1）数据资料的可获得性。数据资料尽可能通过查阅全国性和地方性统计年鉴和各种专业年鉴获得，或是在现有资料基础上通过加工整理获得，或是通过对评估对象进行问卷调查和现场访谈获得。

（2）数据资料可量化。定量指标数据要保证其真实、可靠和有效，而定性指标应尽量选取那些能通过专家间接赋值或测算以转化成定量数据的定性指标（如等级）。

（3）指标体系的设置应尽量避免形成庞大的指标群或层次复杂的指标数，指标尽可能少而精。

第三，独立性原则。评估指标体系是由一组相互间有着紧密联系的指标结合而成的。独立性原则要求入选指标体系的各项指标必须具有独立的信息，相互不能代替。也就是说，在同一层次的各项指标必须不相互重叠，不存在因果关系，不能从这一项导出另一项，也不能用两项指标反映同一被评因素。指标间可以存在包容关系（在教育政策评估中，这种情况是常见的），但不应是重复的。

第四,系统性原则。教育政策评估是对教育政策全过程的评估,既包括事实分析,也包括价值判断,这就要求指标体系具有足够的涵盖面,能够充分反映教育政策评估的系统性特征。指标体系应不遗漏任何一个重要的指标,能够全面地、毫无遗漏地再现和反映教育政策价值和结果。由若干个相互独立的指标构成一个指标群,反映教育政策某一层面的内容;再由若干个相互独立的评估指标群综合成一个完整的评估指标体系,用来评估教育政策的整体价值。

第五,可比性原则。指标的可比性要求提出一条指标应同时对其规定一条相应的尺度。然而,由于社会现象的极端复杂性,在教育政策评估中,这种尺度很难规定。有时只能规定一些随意性大的尺度,如"高""较高""好""较好""显著""明显""优秀""良好"等。

第六,动态性原则。在选择评估指标时,既要有测度教育政策结果的现实指标(静态指标),又要有反映教育政策执行过程的过程指标(动态指标),以综合反映教育政策运行的现状、潜在效果及未来趋向。

2.2.1.4　教育政策评估的方法

设计某种指标体系主要是选取指标和确定指标之间的关系。如何平衡选取指标和确定指标之间的关系就涉及方法问题。教育政策评估指标体系的建立既要遵循一般政策指标体系设计的方法,又要考虑到教育政策评估的特殊方面。

第一,分解目标是建立指标体系的基本方法。指标必须与目标相一致,因此可通过分解政策目标的形式以形成指标体系。对复杂系统,分解目标形成指标还可在目标与指标之间设置若干中间过渡环节。

第二,指标的内涵分析是保证指标体系质量的方法。仔细地分析指标的内涵是保证指标的系统性和独立性的基本方法,也是保证指标体系质量的可靠途径。

第三,采用定性分析与定量研究相结合的方法。反映价值标准的指标一般采用定性分析,确定各项指标及其关系;反映事实标准的指标一般采用定量分析,通过相应指标的数量化分析使指标体系具有一定的可操作性。

2.2.2 语言政策与规划理论

2.2.2.1 语言政策与规划的概念、基本特征及关系

语言政策与规划是理论性和政策性极强的学科,属于社会语言学或应用语言学的一个分支。Cooper 在 1989 年提出语言规划行为的分析模式(Cooper,1989:98)。他认为可以从以下八个方面去分析语言规划活动:谁是规划的制订者?针对什么行为?针对哪些人?要达到什么目的(或出于什么动机)?在什么条件下?用什么方式?通过什么决策过程?效果如何?显然这八要素是针对语言规划行为本身的一种分析。Grin(1999:148)从多样性视角指出所有"语言问题"的共同核心是多样性,因此语言政策的根本任务是多样性的管理。解决语言问题是语言政策和语言规划的首要目标。

目前得到广泛认可的主要是以下两种概念:第一,语言规划通常指宏观层面、大范围的国家规划,它通常由政府执行,意在影响整个社会内的话语方式和文化实践活动(Kaplan & Baldauf,1997:254);第二,语言规划是一种有意识的、面向未来的对语言代码及语言使用的系统改变,一般由政府来进行。语言规划可分为以下四类:地位规划、本体规划、教育规划和声望规划(Baldauf,2010:149)。

综合以上不同学者对语言政策与规划的定义可以发现语言规划的一些显著特征:第一,语言规划不仅是语言学的一个分支,也和社会学、政治学有着密切的关系,语言规划应该被视为社会规划的一部分(社会性);第二,语言规划是人类有意识地对语言发展的干预(人为性);第三,语言规划一般是由国家授权的机构进行的一种有组织的活动(权威性)(刘海涛,2006:60);第四,语言规划不仅对语言本体进行规划,更多的是对语言应用的规划,对语言和人以及社会之间关系的规划(应用性);第五,语言规划是国家或地区社会政策的有机组成部分,须考虑规划行为对整体语言生态系统的影响(生态性);第六,语言规划是对语言多样性的一种人工调节,是对语言多样性的保护(多样性);第七,语言规划不仅要解决交际问题,还要解决非交际的问题(交际性)。

语言规划是指政府部门经过慎重考虑后对语言代码和语言使用做出的系统性的、前瞻性的计划和改革蓝图。语言政策是观念、法律、法规和实践的载体,它的最终目的是实现语言变革(Kaplan & Baldauf,1997:52)。

语言规划受到语言政策的指导,同时又会促进语言政策的宣传。语言政策存在或实现的三种方式有:①(正式、显性)语言政策可以存在于非常正式的语言规划文件或声明中,如宪法、法律、政策声明、教育纲要等;②(非正式)语言政策也可以体现在一些非正式的、意图明显的声明中,如语言、政治和社会的话语中;③(隐性)语言政策可以以隐性的方式存在于一些未声明的文件中。

语言政策(即计划)和语言规划(即计划的执行)的区别对于使用者来说很重要,但在文献中两者经常会被交替使用。

2.2.2.2　语言政策与规划理论的兴起和发展现状

对语言规划理论的研究兴起于 20 世纪 60 年代末和 70 年代初。一些语言学家和人类学家,特别是 Fishman,Ferguson,Das Gupta,Rubin 和 Jernudd 等人,利用福特基金等研究资助,开始全面总结新生国家的语言规划实践经验,将视野从工程管理扩展到规划,推动了语言规划作为一门学科的发展(赵守辉,2008:123)。

Nancy Hornberger(2006:25)指出,"语言规划差不多总是发生在多语和多文化背景下"。进入 20 世纪 90 年代,由于国际交往和人口流动的频繁,特别是对语言的认识从工具观到资源观的转变(刘海涛,2006),澳大利亚等移民国家实行了文化多元主义政策并首先开展了语言规划的研究(如 Lo Bianco,Ingram 和 Baldauf 等学者的研究),取得了丰硕的研究成果。

从 1959 年到 2014 年的 55 年间,语言规划已经发展成为一门学科和一个研究领域。Cooper(1989),Ferguson(1968),Fishman(1974),Haarmann(1990),Haugen(1983),Neustupny(1974)等就语言政策和规划的模型提出了各自的观点。Annamalai & Rubin(1980),Bentahila & Davies(1993),Nahir(1984)就语言规划目标的本质给出了自己的定义。Hornberger(1994,2006)和 Kaplan & Baldauf(1997)分别整合了前人的观点并构建了语言规划的框架。Kaplan & Baldauf(2003)结合生态学知识

扩展了此前的框架,细化了每一目标的具体说明。此外还有些研究是关于语言生态学:如 Kaplan & Baldauf(1997),Mühlhaulser(2000);语言权利研究,如 May(2001,2005);英语和其他语言的定位研究,如 Maurais & Morris(2003),Pennycook(1998)和 Ricento(2000b)等。限于篇幅这里不一一论述。

2.2.2.3 语言政策和规划的四种类型

按照 Baldauf(2010)的观点,语言规划包括如下四种类型或四个方面,在执行这四个方面的过程中要合理整合形式意义上的政策和功能意义上的规划。

(1)地位规划(社会层面)(status planning)。地位规划即国家关于人们选择和使用语言的政策与规划。它决定某种语言在社会交际中的地位,这种规划一般要借助政治、立法、行政的力量来进行。它涉及的是语言的社会属性或社会层面。

它在形式上表现为语言地位的标准化(包括官方化、国民化和废除某种语言)。它是选择、确定标准语、共同语或者官方方言(例如选择某语言作为官方语言或主流语言)的决策过程,包括对问题的确认和规范的分配。

它在功能上表现为对不同语言地位的规划,包括恢复(即对某语言的复位、复兴和撤销)、保持(保持对某语言的既有地位)、中介语交际(包括国际的和国内的中介语)和传播(语言的国际和国内的推广)。它是通过教育对政策进行推广的实施过程(如创造、改革文字),包括修订与评估。

地位规划具体指国际、区域、国家或地区中某种语言与其他语言在社会地位上的关系,如主流语言与非主流语言。它为语言确定应有的、合适的社会地位并协调各种语言关系。

(2)本体规划(语言层面)(corpus planning)。本体规划是语言结构本身的规划,即语言的规范化和标准化。它涉及的是语言的自身属性或语言层面。

其在形式上表现为语言的标准化过程,包括语言规范化(规范其文字系统、语法系统和词汇系统)和副语言规范化(规范其文字系统、语法系统和词汇系统)。

其在功能上表现为语言本体的拓展与精细化,包括词汇的现代化、文体的现代化、语言的创新(含语言的净化、改革、文体简化和术语统一)和语言的国际化。

本体规划具体指在某一语言内部其自身的普及推广、标准化和规范化的问题,即语言本体内部的关系问题。

Haugen(1983：269 - 290)将以上这两种规划的政策内容和实施方式相结合,形成了初步的、系统的研究框架。该框架为后来的研究奠定了基础,为后来的学者厘清了思路。它是语言规划这一学科领域发展的重要里程碑。此后 Baldauf(2005)又对其做了进一步的完善和发展。

(3) 教育语言规划(学习层面)(language-in-education planning)。教育语言规划是指语言学习、语言普及方面的规划以及在教育体系中对语言(包括本族语、官方语言和外语)的具体规划和安排。它涉及的是语言的学习层面。根据 Kaplan & Baldauf(2003)的语言教育政策框架,教育语言规划在形式上体现为教育语言政策的发展,包括语言准入政策(access policy)、师资政策(personnel policy)、课程政策(curriculum policy)、方法和内容政策(method and materials policy)、资源支持政策(resourcing policy)、群体政策(community policy)和评估政策(evaluation policy)。教育语言规划在功能上体现为对学习的规划,包括语言的再习得、语言的维护与保持、外语或二语的转换等。

其中,语言准入政策指通过正规的教育使某一群体学习某一语言的政策。在以英语为外语进行教育的背景下,语言准入政策指英语在整个课程安排中的地位和权重。师资政策指把语言政策转化成教育行为过程中所要配备的人力资源,如英语教师和他们的专业发展问题。内容和方法政策指语言教学方法手段(如交际语言教学法)和教与学的资源(如教科书和网络学习资源等)。资源支持政策包括财力资源的分配、学校中组织教与学活动的基础设施等。评估政策是对某一语言政策的设计、执行和实施效果等的评估。

教育语言规划这一概念的最早提出者是 Cooper。他在自己的"八问方案"(Cooper,1989)基础上首次将"语言的教育规划"或语言习得规划引进语言规划领域。此后,Fettes(2003：37)对教育语言规划的影响因素又作了分析：① 经济活动全球化;② 终生学习(lifelong learning)概念被普遍接受,教育市场化改革;③ 随着世界的多语言多文化的形成,语言能力越发成为衡量职工业务水平的主要标准;④ 由于网络通信技术迅猛发展和知识的爆炸性增长,现代信息技术对人类生活的冲击日益强大。Kaplan & Baldauf (2003,2005)对教育语言规划做了详尽的研究和阐述,构建了专门的研究框架,即七大内容。此外,除了主流语言教育规划外,非主流语言教育规划也日渐兴起,主要有以下几类：社区服务型、国际推广型和商业盈利型(赵守辉,2008)。

（4）声望规划（国家形象层面）(prestige planning)。声望规划是为某一种语言营造一种有利的心理环境,并以此增强该语言的社会声望。声望规划是制定地位规划的基础。它涉及的是语言的国家形象层面。

声望规划在形式上表现为语言的推广,包括官方或政府机构的推广、利益集团的推广和个人的推广。

声望规划在功能上表现为语言的智慧化(intellectualisation)（含科学的语言）和语言的专业化（含高等文化的语言和外交语言）。

声望规划具体指通过语言的传播和推广来提高国家和国家语言在国际上的声望,它是国家增强"软实力"的一个重要途径。

声望规划最早是由德国学者 Haarmann 于 1990 年正式提出的。他指出一项语言政策是否成功并不取决于制定者和实施者,而是取决于政策的受施者。因为政策具备双向性,政策的实施是自上而下的,政策的落实是自下而上的。语言规划政策不仅要考虑自上而下的政府行为,还要考虑受施者的接受度和认可度。此外 Haarmann 还指出了语言规划实施者和推广者的多样性(如官方、政府、机构、利益集团和个人)以及推广过程的声誉。Haarmann 的规划者主要包括四个层次,即官方的（政府行为）、机构的（授权组织,即国家语言规划部门行为）、团体的（群体行为）和个人的（个体行为）。这四方面的规划实施者,其对规划的不同目标和不同对象的影响各有所长,如前两个层次对地位和语言教育规划的最有影响力,但对本体和声望规划而言后两个层次更容易发挥实效(Haarmann,1990：103 - 126)。

此外 Ager(2005a：1035 - 54,2005b：1 - 43)发展了声望规划的理论。

Ager 引入了形象规划的概念,强调了语言规划中软因素的作用,阐述了地位、声誉、形象和认同这四种规划的区别和联系。

2.2.2.4　语言政策和规划的三个维度

从生态学角度出发,语言规划包括三个维度,即宏观(macro)、中观(meso)和微观(micro)(Kaplan & Baldauf,1997:52)。

宏观语言规划通常指宏观层面、大范围的国家或政体的规划,它通常由政府部门执行,意在影响整个政体社会内的话语方式和文化实践活动。前文论述的规划基本上都属于宏观语言规划。该领域的研究可参考Kaplan& Baldauf (1997:3-27)和 Baldauf(1998:4-10)的研究。

中观语言规划主要指语言的保持、维护与复兴。据估计,当今世界上共有 5 000 到 6 000 种语言,而世界 95% 的人口所使用的语言仅为 100 种左右,其余的几千种语言(如果包括全世界各个民族的方言,数量更不止如此)的持有者数量非常之少。会说土著语言的人寥寥无几,且数量正在不断地减少。如果不采取语言保护和复兴等措施,到下个世纪末只有一小部分语言能够幸存。中观语言规划就是要对这些语言的保护和复兴制定并实施相应的规划和政策。它包括可持续发展的语言生态批评、保护小语种的规划和措施、复兴小语种的政策、语言环境的研究、中介语交际的研究、传播小语种的研究以及中观语言规划的制定者和实施者等。该领域研究可参考 Amery (2001:141-221),Mühlhäusler (2000:306-367),Baldauf & Kaplan (2003:19-40),Edwards (2001:231-241)和 Kaplan & Baldauf (1997:216-239)等人的研究。该领域的研究通常具有争议性。

微观语言规划是从微观视角进行语言规划,具体指在家庭、学校、生产制造部门、管理部门、执法机构、销售与服务业、家庭学校、社区以及社会组织结构中众多行业中的语言规划。微观语言规划是语言规划实践小型化、个体化和地方化发展趋势的主要表现形式。在 20 世纪 80 年代初 Kaplan首次开展了微观规划实践的研究,获得了丰硕的成果。此后 Barkhuizen and Knoch(2006:1-18),Baldauf(2006:147-170)和 Canagarajah(2005)等人对语言规划的微观化、基层化和本地化进行了进一步研究和完善。教育中的语言规划和学校中的语言规划是该领域研究的重点。该领域的研究可以参考 Baldauf & Ingram, Corson(1999：216 - 231)，Baldauf & Kaplan(1997：122 - 152)和 Touchstone et al.(1996：329 - 349)等人的研究。

2.2.2.5　语言政策与规划的经典框架

Kaplan 和 Baldauf 全面概括和总结了前人的研究,对语言规划理论和实践中几乎所有重大问题如目的、过程和经济因素等都进行了广泛评论,并推陈出新,最后建立了自己的语言生态系统模型,以大量丰富实例论证了影响语言生态的多种作用力。Baldauf 后来全面吸收各家理论,并对多国的语言规划与实践进行了深入的研究,Baldauf(2005a：960)所构建的语言政策与规划的研究框架成为该领域的经典框架,标志着该学科体系的成熟,详见下表。

表 2‑1　语言规划研究框架

目标实现手段	政策手段(形式) 目　　标	培养手段(功能) 目　　标	语言规划的维度					
			宏观		中观		微观	
			目标知晓度					
			显性	隐性	显性	隐性	显性	隐性
产出性目标 — 地位规划(社会层面)	**地位标准化** 官方化 国民化 废除(某种语言)	**地位规划** 恢复 * 复位 * 复兴 * 撤销 保持 中介语交际 * 国际的 * 国内的 传播						
产出性目标 — 本体规划(语言层面)	**标准化** 语言规范化 * 文字 * 语法 * 句法 副语言规范化 * 文字 * 语法 * 句法	**语料拓展** 词汇现代化 文体现代化 革新 * 净化 * 改革 * 文体简化 * 术语统一 国际化						

续　表

目标实现手段		政策手段(形式) 目　标	培养手段(功能) 目　标	语言规划的维度					
				宏观		中观		微观	
				目标知晓度					
				显性	隐性	显性	隐性	显性	隐性
产出性目标	教育语言规划(学习层面)	**政策发展** 准入政策 师资政策 课程政策 方法与内容政策 资源政策 群体政策 评估政策	**学习规划** 再习得 保持 外语/二语转换						
接受性目标	声望规划(国家形象层面)	**语言推广** 官方/政府 机构 利益集团 个人	**智能化** 科学的语言 语言的专业化 高等文化的语言 外交语言						

资料来源：Baldauf,2005a：960。

　　上表展示了语言政策和规划的显性和隐性实践。展示了语言规划的四个层面,即地位规划(社会层面)、本体规划(语言层面)、教育语言规划(学习层面)、声望规划(国家形象层面),以及这四种语言规划的两种实现手段:第一,政策手段,它强调的是形式,即基本语言政策的决定和执行;第二,培养手段,它强调语言发展和使用的功能性拓展。

　　通过规划者想要获得的目标(宏观、中观和微观)可以更好地理解这八种语言规划的维度。当然这八种维度都受自上而下的宏观目标的支配。框架中的大多数目标不是彼此孤立存在的,如政策规划目标通常需要培养规划的支持。尤其是在语言规划中常有大量各不相同的目标,这些目标有些是相互矛盾的,如强势外语(如英语)的侵袭经常会抢占本土语言(如汉语)的课程设置时间。每一个子目标都不可能孤立地执行,它是更高层目标的组成部分。

37

第 3 章　我国大学外语教育政策文本研究

本书所进行的大学外语教育政策的历时研究对象是从中华人民共和国成立到现在我国颁布的和大学外语相关的外语教育政策。

　　此前已有学者对此进行过类似的研究,如付克(1986)把我国外语教育分为四个时期:第一时期为 1949—1956年;第二时期为 1957—1966 年;第三时期为 1967—1976年;第四个时期为 1976—1984 年年底。Bob(2002)将英语教育在中国的发展概括为晚清时期(1759—1911 年)、民国时期(1911—1949 年)、中华人民共和国成立后(1949 年至今)三个时期,其中中华人民共和国成立后的英语教育发展包括五个阶段:① 1949—1960 年,这一阶段在中学和高校极少有英语教学;② 1961—1966 年,英语教学在中学和大学得到促进;③ 1967—1976 年,英语教学中断,后来又得到短暂恢复;④ 1976—1982 年,英语教学在中学和大学开始复苏;⑤ 1982—2002 年,英语教学在中学和大学得到大力推广(魏芳,2010)。

　　在借鉴前人划分标准的基础上,本章把我国外语教育政策的发展分为八个阶段:① 1949—1955 年:突出俄语,淡化英语;② 1956—1966 年:恢复英语,收缩俄语;

③ 1967—1976 年：停滞；④ 1977—1984 年：复苏；⑤ 1985—1993 年：稳步发展；⑥ 1994—1999 年：加速发展；⑦ 1999—2013 年：大学外语教学改革；⑧ 2013 年至今：标准化阶段。

教育政策文本分析框架包括两大部分：第一，文件属性计量分析（如发布时间、发布单位、主题词、被引用文件、文件贯彻路径等）；第二，政策话语分析（如课程和教学政策、师资培训政策、实习政策等）。对于文件属性的计量分析，选取发布时间、发布单位、主题词、被引用文件、文件贯彻路径作为分析指标。依据文件与文件之间的引用关系，可以跟踪文件落实过程，并通过对比相关文件之间的语句，分析原有文件被执行的内容和程度（魏芳，2010）。在政策话语分析方面，由于外语教育由六大要素组成，即教师教育、大纲设计、教材建设、教学方法、教育手段和测试（戴炜栋，2008），因此本书将从政策制定的主体、语种规划、教师政策、课程设置、培养目标、教材与教法、测试与评估七个方面对我国现有的大学外语教育政策文本内容进行系统梳理和研究，以横向七个角度，纵向八个时间维度梳理研究。

3.1 大学外语教育政策文本分析

3.1.1 规划主体和政策文本的历时发展及影响

3.1.1.1 第一阶段（1949—1955 年）：突出俄语，淡化英语

该阶段的规划主体为教育部或类似教育部功能的部门如华北人民政府高等教育委员会。

主要颁布的政策有《各大学专科学校文法学院各系课程暂行规定》（1949）（下简称"《规定》"）、《关于高等师范学校教育、英语、体育、政治等系科的调整设置的决定》《关于全国俄文教学工作的指示》（1954）。《规定》要求"中央人民政府教育部规定高等学校各院系学生必修俄文课"（钱俊瑞，1952），可见，该阶段的外语教育政策是以国家利益为中心，自上而下制订并颁布的政策。其目标是"培养学生能通过俄文在自己所学的业

务范围内直接学习苏联的先进经验,更好地提高自己的科学知识和技术水平",为国家经济发展做贡献。

从 1949 年至 1956 年是我国俄语教育迅速发展的七年,在苏联专家的协助下,教学计划、教学大纲、教材陆续出台,师资队伍逐渐壮大,教学水平也逐年提高。这一时期的大学外语教学主要语种是俄语,全国兴起了学习俄语的热潮,俄文专科学校及综合性大学俄文系的毕业生约13 000 名,基本满足了当时国家对于俄语人才的需要(付克,1986:73)。但是这一时期俄语教育一枝独秀,外语语种比例失调,英语人才奇缺,其他外语语种的教学发展缓慢(孙国宽,2008)。在强调发展俄语教学的同时,"受到损失的主要是公共英语和中小学英语教学"(李良佑,1988)。

3.1.1.2　第二阶段(1955—1966 年):恢复英语,收缩俄语

该阶段的规划主体为国务院领导下的各相关部门。它以外语规划小组为中心,以高教部、教育部、外交部、外贸部等部门为辅助。1964 年,在党中央国务院领导下成立了外语规划小组,统一筹划全国外语教育的重大事务,高等教育部还专门设立外语教育司,作为这个规划小组的办事机构,统一管理全国外语教育的事业规划。

主要颁布的政策有《外语教育七年规划纲要》(1964,以外语规划小组为核心制定,下简称"《纲要》")、《英语教学大纲(试行草案)高等工业学校本科五年制各类专业适用》(1955,教育部委托高等工业学校外语教材编审委员会制定)。《纲要》的目的是"扩大外国语的教学","实现向科学进军的计划……为发展科学研究准备一切必要的条件。"[①]这是在中央领导下第一次对我国的外语教育提出了总体规划并将英语确立为学校教育中的第一外国语(胡文仲,2001)。1955 年的《英语教学大纲》,是第一次针对高校公共英语教学的重要文件。《英语教学大纲》先由上海交通大学外语教研室提出初稿,后经高等工业学校外语课程教材编审委员会审定,又于 1962 年 5 月高等工业学校工作会议上复审定稿。同年 6 月由教育部向全国颁布,并经高等教育出版社出版发行。这是中华人民共

---

①　周恩来,《关于知识分子的报告》,参见上海市高等教育局研究室、华东师范大学合编《中华人民共和国建国以来高等教育重要文献选编(下)》,第 343—372 页。

和国成立后公布的第一份大学英语教学大纲,它首次对大学英语教学的目标和课程设置等做出了明确的指导(魏芳,2010)。1962 年的《英语教学大纲》首次为英语教学在教学目标、课程设置以及教材编写上做出了政策指导。

这一阶段的外语教育政策制定的背景是我国为学习世界各国的先进科学技术和经验,需要大批既熟悉专业又懂得外语的人才。

3.1.1.3　第三阶段(1966—1976 年):外语教育停滞

这一阶段,《外语教育七年纲要》所确定的"以英语为学校教育中的第一外语,同时适当增加其他语种"的政策被取消,师资培养的政策也遭到了批判和废除,许多学校的外语教学无形中被取消,外语专业停止招生长达六年之久,外语教育近于崩溃,暂时恢复的高校公共英语教育也完全陷于瘫痪。

3.1.1.4　第四阶段(1977—1984 年):外语教育的复苏

该阶段的规划主体为教育部。通常政策经国务院批准,由教育部组织包括高校公共外语教研室、高等外语院校、外国语学校、重点中小学以及各省市教育行政部门、中央各有关部委等各个层面的代表进行深入研讨之后制订的。主要颁布的政策有:

1978 年 8 月,时任第五届人大常委会副委员长廖承志在全国外语教育座谈会上做了"为实现四个现代化,加紧培养外语人才"的讲话,这为国家制订一系列外语教育政策提供了方向。1978 年 9 月教育部组织了全国外语教育座谈会,各级学校和教育部门都有代表参加,研究了外语教育如何为实现新时期总任务作贡献的问题。会议提出了《加强外语教育的几点意见》(下简称"《意见》"),它针对包括高等学校专业外语、高校公共外语、外国语学校以及中小学在内的我国学校外语教育的各个层次,尤其指出要"大力发展英语教育"。这一时期的外语教育总要求为:"千方百计地提高外语教育质量,切实抓好中、小学外语教育这个基础,在办好高等学校专业外语教育和公共外语教育的同时,大力开展各种形式的业余外语教育",目的是"努力使越来越多的科技工作者和其他专业人员掌握外语工具,为加速实现四个现代化多作贡献",并提出了这一时期外语教育发展的具体目标为"努力在三五年内改变外语教育的落后面貌,为把我国建设成为社会主义现代化强国做出贡献"。(付克,1986:91)

《意见》涵盖了外语语种规划、师资队伍建设、教材编写、电化教学、科学研究等外语教育的各个方面,是新时期我国外语教育的一个总指导方针。这一政策经国务院批准,由教育部于 1979 年 3 月印发全国,要求各地、各校根据实际情况,研究执行。此外《意见》把公共外语教学提高到与专业外语教学同等重要的地位(李箭,2008)。

1980 年的《高校英语教育培训计划》和《英语教学大纲(草案)》为新时期的大学英语教学在师资、教材、大纲设计等各个方面提供了政策上的参考和依据。

从 1978 年到 1981 年的四年间,在国家教育主管部门的重视、高校领导的大力支持以及广大外语专家与教师的共同努力下,高校公共英语教学逐渐复苏,而且有了进一步的发展。

3.1.1.5　第五阶段(1985—1993 年):稳定发展

该阶段的规划主体为教育部,成立了各语种编审小组。1980 年教育部成立了高等学校理工科外语专业教材编审委员会及各语种编审小组负责高校大学外语教学大纲制定和教材编写等方面的工作,编审小组中包括大学英语、大学俄语、大学日语和大学德语小组,但直到 1989 年大学法语编审小组才在教育部批准下建立(魏芳,2010)。1982 年教育部成立了教学大纲修订组。

主要颁布的政策有:1982 年的《高等学校公共英语课教学经验交流会议纪要》(教育部文件)、1985 年的《关于教育体制改革的决定》。除政策外,1983 年教育部授权的大纲修订小组还开展了需求调查,主要调查理工科院校本科生的英语水平和我国当时对于劳动者英语能力的需求。1984 年召开了全国理工科大学英语教学大纲审定会,时任教育部高教司副司长夏自强在会上指出目前高校公共外语的教学尚不能满足四化建设、经济发展和改革开放的需要,需要加强大学外语教育,要改革大学英语教学大纲,使其具备科学性、先进性、实用性和灵活性。1985 年教育部颁布了《大学英语教学大纲(高等学校理工科本科用)》,1986 年教育部批准了《大学英语教学大纲(文理科本科用)》[②]。1985年《大学英语教学大纲(高等学校理工科本科用)》是我国新中国成立以来较为完善的一份公共英语教学大纲,所针对的群体是重点院校的本科生,一般院校则将其作为参考。"大学英语"这一名称也从1985年开始正式取代了"公共英语"。继1986年的《大学英语教学大纲(文理科本科用)》后,各语种编审小组也参照大学英语教学大纲先后为非本语种专业的本科生制定了教学大纲,经当时的国家教委批准后在各高校贯彻实施,为高校各外语语种的教学提供了统一的指导方针。1987年《大学俄语教学大纲》颁布并实施,1989年颁布《大学德语(第一外语)教学大纲》,1992年颁布《大学德语(第二外语)》教学大纲,1989年颁布《大学日语教学大纲》,1992年颁布《大学法语教学大纲》。这些大纲为大学外语的教材编写、教师培训、教学组织、水平测试等各方面提供了指导。

该阶段政策的初衷是要满足改革开放和市场经济发展对外语人才的需求。该阶段的大学英语教育政策是教育部在响应"教育要面向现代化、面向世界、面向未来"的号召下,"以广泛的测试、调查为基础,通过各院校通力协作,几经讨论研究后制订而成的"(付克,1986:207)。该阶段的大学英语教学大纲与前一阶段相比更具科学性。第一,依据高校新生英语水平抽样测试的结果制定出了具体的教学要求和指标。第二,对当时科技人员阅读、分析外文资料的需求进行了调查研究,符合实际要求。第三,首次在教学目标、教学内容、教学评估等方面建立起一个完整的体系。第四,提出了大学外语分级教学的具体课程设置,是全国性的大学英语教学指导文件。

但是,大学外语的全国统一测试也造成了应试教学的出现。

3.1.1.6 第六阶段(1994—1999年):加速发展

20世纪90年代以来,改革开放不断深化,国际竞争日益激烈,1999年国务院决定扩大高校招生规模,以培养更多高水平人才。1999年,全

---

② 大学英语教学大纲修订工作组编《大学英语教学大纲(高等学校理工科本科用)》,高等教育出版社,1985年版;大学英语教学大纲修订工作组编《大学英语教学大纲(文理科本科用)》,上海外语教育出版社,1986年版。

国普通高校招生比 1998 年增加了 47.4%,达到 159.68 万人。2000 年招生 220.61 万人,比上年增加 60.93 万人(王守仁,2008:129)。高校扩招标志着我国高等教育进入大众化阶段,在原有教育资源保持不变的情况下,学生人数激增,这对我国当时的大学外语教育是一个巨大的挑战。此外,随着我国与各国在政治、经济、商贸、外交和信息等各领域的交往不断扩大,对外语教育的质量也提出了更高的要求。

该阶段的规划主体为教育部(原中华人民共和国国家教育委员会,1998 年正式更名为"中华人民共和国教育部")、教育部指导下的高等学校大学外语教学指导委员会、高教司外语处。

主要颁布的政策有:1999 年《大学英语教学大纲》。1994 年高等学校大学外语教学指导委员会和高等学校大学外语教学研究会受国家教委高教司委托召开了首届全国大学英语教学研讨会,议题为我国大学英语教育在新形势下的发展,这是我国第一次全国范围的大学英语研讨会。这次会议的会议纪要也具有政策引领作用。时任国家教委高教司司长周远清在会上指出:要在 21 世纪到来前进一步提高大学英语教学的质量,改革大学外语四、六级考试,加强大学英语师资力量,建立指导大学英语教学工作的评估体系,等等。1996 年高等学校大学外语教学指导委员会成立了面向 21 世纪的大学英语课程教学内容与课程体系改革研究与实践项目组,并组织了针对英语社会需求和学生英语水平的调查。同年 12 月召开了第二届高等学校大学外语教学指导委员会工作会议,确定了大学英语教学的四年工作重点,并确定当前的首要任务为改革教学模式和修订教学大纲。1998 年高等学校大学外语教学指导委员会英语组在广泛征求大学英语教师意见的基础上对大学英语教学大纲进行了修订。新大纲 1999 年正式出版,成为那个阶段大学外语教育的指导性纲领。

此外,党的十四大的召开、邓小平南方谈话等都对这一阶段的外语教育形成一个全方位多层次的开放格局起到了积极的推动作用,如 1995 年江泽民提出的"科教兴国"战略、1999 年教育部的"面向 21 世纪教育振兴行动计划"。1996 年时任中央领导李岚清同志指出"目前的外语教学存在费时多、收效小的问题",他对目前的英语教学造成"聋子英语""哑巴英语"(李岚清,1996)的现象进行了批评,呼吁改进英语教学状况。并指出"由于教学法不够得法,我国知识分子的总体外语水平不但不如发达国家,也不如许多发展中国家,成为我们吸收别国先进科技文明成果、对外开放和交流合作的一大障碍和弱点"。时任高教司外语处处长岑建君指出外语教学不仅是教学问题,更是事关我国科技、经济发展以及改革开放的关键问题。他指出一个国家外语教学水平的提高能够将国外的科技信息翻译成本国文字从而转化成生产力。他认为我国的大学毕业生应具备较好的外语水平,特别是在会话、写作和翻译等方面达到一定水平,并强调我国大学生外语水平过低,严重影响了我国改革开放的速度(岑建君,1998)。

3.1.1.7 第七阶段(1999—2013年):大学外语教学改革

21世纪初,我国对外交往规模不断扩大,并于2001年加入世界贸易组织,2008年举办北京奥运会,2010年举办上海世界博览会,这使我国与世界各国的交往越来越密切。随着全球经济一体化的趋势的不断加强,我国在政治、经济、文化等各个领域对外开放的速度不断加快,对外交流已扩展到全社会,我国对复合型外语人才的需求也不断增加,现有的人才已经无法满足经济快速发展的需要。因此在这一阶段我国出台了一系列大学外语教学改革的相关政策。大学外语教学进入了以大学英语教学改革为先导的大学外语各语种教学改革的阶段。

该阶段的规划主体为教育部。时任国务院副总理李岚清同志根据社会经济发展形势发出"改革大学外语教学"的号召,教育部积极响应并采取措施。教育部各部门领导、高校领导、大学外语教学指导委员会等共同参与制定大学外语教学改革政策。

该阶段规划主体的另外一个特征是我国国家领导人的态度对于大学外语教学改革具有积极重要的推动作用。例如,2002年的《关于大学英语教学与考试改革的基本思路》开篇即提出"要加快改革外语教学,提高学生的口语应用能力"③。时任高教司司长张尧学(2003a)在文章中明确

---

③ 教育部《关于大学英语教学与考试改革的基本思路》,2002。

表示现有的大学英语教学亟须改革,并指出以读、写、译为主的大学英语教学已不适应社会的需要,在这一时期的大学英语教学中必须要强调英语综合应用能力,特别是听、说能力的培养。此外,他还分析了当前大学英语教学中存在的问题,指出了大学英语教学改革的意义(张尧学,2002)。时任高教司外语处处长岑建君曾著文专门阐述外语教学特别是英语教学与我国经济发展的关系,认为英语教学的滞后性与当前社会需求已经产生了矛盾(蔡基刚,2005:46)。2002 年 8 月,时任教育部部长陈至立指示大学英语教学改革要尽快启动以便适应高等教育跨越式发展的新形势。可见,各级领导对大学外语教学的重视,他们认为我国学生的英语综合应用能力与我国的国际竞争力和经济发展是密切相关的。

该阶段的主要政策文件正是在我国相关部门领导人的指示下颁布的。2002 年 9 月在第二次"全国大学英语教学改革座谈会"上颁布了两个文件:《大学英语课程教学改革基本思路》和《大学英语课程教学改革工程草案》。此次大学英语教学改革主要由高教司的阎志坚、武世兴负责,他们在《大学英语教学改革势在必行》(2002.12)一文中指出此次改革的方向是全面提高大学生的英语综合应用能力,尤其是写作和口语交流能力。随后教育部发布了《关于开展大学英语教学改革试点工作的通知》(2003),其主要内容为研制该阶段的大学英语教学大纲并建设大学英语网络教学体系。2003 年教育部正式发布了《教育关于启动高等学校教学质量和教学改革工程精品课程建设工作的通知》,大学英语教学改革也随之启动。2003 年 2 月教育部高教司成立了"大学英语教学改革"项目组,负责制定《大学英语课程教学要求》。2004 年 1 月教育部颁布了《大学英语课程教学要求(试行稿)》,试行 3 年并进行了一定的修改和完善后,2007 年正式颁布了《大学英语课程教学要求》。

总之,该阶段的大学外语教学政策是由政府为适应国家经济发展需求发起的,并由教育部门相关负责人和专家学者等共同研讨后制定的。2000 年至今的高校大学外语教学开始形成英语教学规模扩大化的局面。

3.1.1.8　第八阶段(2013 年至今):标准化阶段

该阶段大学外语教育政策的制定主体为教育部及其领导下的高教

司、全国大学英语教学指导委员会,以及各高校相关专业的专家学者等。

　　该阶段的政策主要有《大学英语教学指南》《英语类专业本科教学质量国家标准》(包括《英语专业本科教学质量国家标准》《翻译专业本科教学质量国家标准》《商务英语专业本科教学质量国家标准》)。

　　在这一阶段我国更加注重从国家战略层面进行语言规划。2007年11月教育部中国语言战略研究中心成立。该研究中心是由教育部语言文字信息管理司与南京大学共建的实体性科研机构,在语言政策、语言规划、语言国情和中国的国际语言战略等方面开展科研工作。2007年12月中国外语战略研究中心在上海外国语大学成立。中国外语战略研究中心是从事国家外语发展战略研究、语言学基础研究和研究生教学的实体机构,其目标是成为国家制定外语战略的智囊库和信息中心,中心与政府部门、国内外相关研究机构进行广泛合作,开展语言政策、外语状况、外语需求评估、外语教育等方面的调查和研究。以上两个中心的成立为我国在这一阶段外语政策国家标准的制定起到了积极的推动作用。

　　此外,从2013年起,我国开始着手研究高考英语改革方案,计划实施一年多次的社会化考试。这对我国的大学外语教育产生了一定的影响。随着大学生英语水平的逐年提高,2013年年初上海市教委颁布《上海市大学英语教学参考框架(试行)》(下简称"框架"),在全国率先试点开展大学英语课程改革,其核心就是以"学术英语"作为改革的突破点,并辅以各类专门用途英语的课程,目前全市已有26所高校投入到这一改革之中。我国大学外语教育开始向基于通识英语的专门用途英语(ESP)教学转化。鉴于上海各本科高等学校的教学资源、学生入学水平、办学目标定位以及各学科专业需求等不尽相同,《框架》指出各高等学校应参照《框架》,根据本校的实际情况,贯彻分类指导、因材施教的原则,制定科学的、个性化的大学英语教学大纲,指导本校的大学英语教学。

　　从规划主体来看,我国外语教育政策的制定基本上是自上而下的。从早期的《外语教育规划七年纲要》,到十一届三中全会后的《关于印发〈加强外语教育的几点意见〉的通知》,再到20世纪80年代以来高校大学外语各语种教学大纲的制定和颁布,以及近年来全国实行的大学英语教学改革和制定国家外语教育质量标准,这些外语教育政策基本上都是由国务院委托教育部下属各个部门组织专家来负责制定,然后通过各类学校来实施的。今天外语教育被看作提升国民素质、促进教育国际化发展进程的重要因素之一。

3.1.2　语种政策的历时发展

3.1.2.1　第一阶段(1949—1955 年):突出俄语,淡化英语

华北人民政府高等教育委员会(当时我国教育部还未成立)在 1949 年 10 月 11 日颁布的《大学专科学校文法学院各系课程暂行规定》中提出各院系学生都必修俄文课(付克,1986)。1953 年 7 月,教育部颁发各类师范学院教学计划(修订草案),在《关于高等师范学校教育、英语、体育、政治等系科的调整设置的决定》中,规定在全国八所高等师范院校中只留华东师范大学一所学校开设英语专业,其余改设俄语专业。

3.1.2.2　第二阶段(1955—1966 年):恢复英语,收缩俄语

1964 年的《外语教育七年规划纲要》(下简称"《纲要》")缩小了俄语教育规模,恢复和发展了英语教育,调整了其他外语语种在外语教育中的比例,这一时期对外语教育语种的规划从原来的单一化向突出英语同时兼顾语种多样化的方向发生了转变。

《纲要》指出"既需要大力改变学习俄语和其他外语人数的比例,又需要扩大外语教育的规模,这样才能把外语教育的发展纳入同国家长远需要相适应的轨道,由被动转为主动"④。《纲要》提出,英语是我国学校教育的第一外语,要大力调整高等学校和中等学校开设外语课的语种比例,学习英语的人数要大量增加。在大力发展和调整语种比例的同时,要特别注意保证质量。此外,还特别提出发展外语教育的方针之一是"专业外语教育与公共外语教育并重"。

《纲要》还针对高校公共外语教育的语种比例进行了具体的规划:高校公共外语课的语种有英语、俄语、德语、法语、日语,以英语为第一外语,

---

④　四川外国语学院高等教育研究所编《中国外语教育要事录》,北京:外语教学与研究出版社,1993。

同时也可以因学科性质和需要的不同,由学校确定其他一种语言为第一外语,并确立了"到 1970 年学英语的学生应占 50％,学俄语及其他外语的学生占 50％"的目标。

3.1.2.3　第三阶段(1966—1976 年):外语教育停滞

在此阶段,外语教育处于停滞状态。

3.1.2.4　第四阶段(1977—1984 年):外语教育的复苏

1978 年廖承志在全国外语教育座谈会上的讲话——《为实现四个现代化,加紧培养外语人才》号召外国语学校和大学毕业生最少要懂得两门外语才能适应我国外交、经济、文化发展的需要。1979 年的《加强外语教育的几点意见》(下简称"《意见》")明确提出新时期的外语教育应在语种布局上有战略眼光和长远规划:当前主要的任务还是大力发展英语教育,但也要适当注意日、法、德、俄等其他通用语种的教育。非通用语种应有计划地开设,布点不宜过于分散。一些稀有语种要创造条件逐步开设,以适应研究工作的需要……要注意外语学习的连续性,小学升初中,初中升高中,高中升大学,都要做好语种衔接工作。俄语在外语教育中应保持必要的比例……俄语人才的培养不能断线,要采取少而精的原则。针对高校公共外语教育中的语种设置,《意见》特别指出除了英语以外,有条件的院校还要开日、德、法、俄等语种的课。

到 1984 年年底,全国开设的外语语种多达 34 种,高校公共外语除开设英语课之外基本都有第二外语课。

3.1.2.5　第五阶段(1985—1993 年):稳定发展

该阶段的语种规划,在政策上仍以 1978 年的《加强外语教育的几点意见》为指导。以英语为主,兼顾日、法、德、俄等通用语种。其中俄语在大学外语教学中的比例有所增加,随着学习人数的增长,到 20 世纪 90 年代中期俄语教学出现了第二次高潮,德语、日语、法语等语种的课程在理工科院校开设较多,法语在这一时期的大学外语教学中所占比例最小(王守仁,2008)。英语仍是大多数高校大学外语教学中的第一外语,俄语、德语、日语在部分高校作为第一外语,但这三个语种主要还是以第二外语为主,几乎所有开设大学法语课程的院校都将法语作为第二外语(魏芳,2010)。

3.1.2.6　第六阶段(1994—1999 年)：加速发展

尽管这一时期我国外语教学特别是大学外语教学的重要性被反复强调,但实际上"外语"主要指的是英语,如时任国务院副总理李岚清同志提到"我国由于英语等外语普及不够,影响了对外交往的规模和效率"(蔡基刚,2005：3)。同时,这一时期国家的很多政策与外语成绩特别是英语成绩挂钩,如研究生的录取、事业单位职称晋升、国家公务员考试等都将外语成绩并且主要是英语成绩作为考核条件之一。由于教育部颁布的教学大纲要求将大学英语课程确定为公共必修课,其地位为第一外语,其他外语语种主要为选修课,英语在我国大学外语教学语种中所占的比例日益扩大,学习人数最多。教育部出台的各种有关大学外语教学的政策大多针对大学英语教学。与英语的地位相比,其他语种如日语、俄语、德语和法语在大学外语教学中主要是第二外语,仅有少数专业将其设为第一外语。可见,我国这一时期的大学外语教育主要指大学英语教育(魏芳,2010)。

3.1.2.7　第七阶段(1999—2013 年)：大学外语教学改革

该阶段随着经济全球化步伐的加快,英语作为全球通用语的地位也逐步上升。在各种国际活动、学术会议、涉外谈判和国际交流中英语作为工具语言被普遍使用。受该形势的影响,在我国的外语语种配置中,英语所占比例越来越高。1999 年的《大学英语教学大纲》修订说明指出"大学英语是高校非英语专业一、二年级本科生的必修课,学时不少于 250,每周不低于 4 学时;三、四年级需开设专业英语必修课和高级英语选修课,要求'大学英语学习四年不断线'。"此外,2001 年教育部颁布了《关于加强高等学校本科教学工作提高教学质量的若干意见》的文件,明确提出要"积极推动使用英语等外语进行教学"。2002 年时任高教司司长张尧学(2002：5)提出"国家重点大学应该逐渐转向不设公共英语课,学生入学后直接接受双语教学"。以上这一切迹象都表明英语在高等教育中的教学范围进一步扩大了。

同时,其他外语语种在高等教育中出现了缩小的趋势。由于受师资和课时等方面的限制,目前只有少数高校开设非英语的大学外语课程,选修非英语大学外语课程的也大多是学有余力的少数学生,远远不如英语教学在高等教育中的普及程度(王守仁,2008:259)。

总之,在各种政策的推动下,该阶段高校大学外语教学基本以英语为主,其他语种规模有所缩小。

3.1.2.8 第八阶段(2013 年至今):标准化阶段

该阶段的语种政策基本上与上阶段相同。在这一阶段有不少专家学者已经意识到了我国存在外语语种发展不平衡的现象,但是并未出台相关调节外语语种的政策。

总之,我国外语教育的语种设置经历了以俄语为主向以英语为主的过程。目前,全国各类院校都为非英语专业的学生(含本科生、硕士生和博士生)开设英语课程,小语种课程开设的比例非常小。全国大学英语四、六级考试的规模是所有外语类考试中最大的,自 2004 年以来每年参加考试的人数达到 1 100 多万(吴启迪,2005);大学英语教学得到的资助最多,到 2004 年教育部共为大学英语教学改革试点投入经费 2 400 多万元(蔡基刚,2005:89)。这说明目前我国的大学外语教育实际上主要是大学英语教育,高校外语教育的语种趋向单一化。

3.1.3 教师教育政策的历时发展

3.1.3.1 第一阶段(1949—1955 年):突出俄语,淡化英语

1951 年的全国俄文教学工作会议指出,当前各大、中学普遍要求增设俄文课程,但师资非常缺乏,各俄专和大学系科也存在师资不足、水平不高的问题。1954 年的《关于全国俄文教学工作的指示》第一次提出了对于高校俄语师资的具体培养办法,如挑选大学和高等师范学校俄文系优秀毕业生到大学任教,开设研究生班培训本校优秀毕业生以及部分助教和翻译干部,各校组织教师和助教进行在职俄文轮训等,以提高现有的高校俄语师资水平。

同时高校公共英语教学的发展处于萎缩期,虽然是必修课,但学校一般以能维持开课为原则,教学要求不高,也很少考虑师资配备及进修。

3.1.3.2 第二阶段(1956—1966 年):恢复英语,收缩俄语

1964 年的《外语教育七年规划纲要》对于培养高水平的外语师资非

常重视。外语教育的师资来源主要是当时教育部直属的一所外语学院（上海外国语学院）和 11 所综合大学外语系,因此《纲要》提出要充实和加强这些院校的外语教育,保证教育质量。

《纲要》还提出新建和扩建 16 所高等外语院校、扩大招生人数等措施,以此来补充和充实外语师资队伍,并确定了七年内补充 23 580 人的外语师资扩充目标(其中英语师资 17 410 人,占总人数的 74%)。此外还公派学生出国留学进修,这些措施和目标对于英语师资的建设起到了积极的推动作用。

3.1.3.3　第三阶段(1966—1976 年):外语教育停滞

在此阶段,外语教育处于停滞状态。

3.1.3.4　第四阶段(1977—1984 年):外语教育的复苏

1979 年《加强外语教育的几点意见》发出"大力抓好外语师资队伍的培养和提高"的指示,具体为:第一,从 1979 年开始,要求师范院校外语系、面向地方的外语院校和综合大学外语系扩大招生规模,并积极开办两年制的英语专修科;第二,开展多种形式的在职和脱产进修活动。《意见》提倡以在职进修为主,同时每年要抽出十分之一的教师进行半年的脱产培训。培训的方式主要有出国进修、邀请外国语言专家来华讲学或举办外语教师训练班、选择国内有条件的学校开办师资进修班等措施。拟从 1979 年起三年内,每年聘请 100 名左右的外籍英语教师和海外侨胞培训高等学校理工科公共英语教师和中学英语教师。《意见》还确立了师资规划的具体目标,即,争取在三年内培养一批质量较高的高等学校和外国语学校骨干外语教师。

1980 年,经国务院批准,教育部制订了《1980 年至 1983 年高校英语教育培训计划》,指定清华大学、天津大学、上海交通大学等九所理工科院校外语系承担培训公共英语教师的任务。培训班以外国专家为主讲教师,配以中国教师辅导,每期培训时间为半年左右。除了举办外语师资培训班或设立外语师资培训中心以外,1978 年后,国家还选送了中青年英语骨干教师赴英语国家进修、讲学、考察。同时,许多高校同美、英、加、澳、新西兰等国家的大学建立了校际合作关系,相互为对方培养教师和科研人员,也取得了相当明显的成效。1983 年教育部在天津大学、当时的大连工学院(现为大连理工大学)、西安交通大学、重庆大学、上海交通大学、当时的华中工学院(现为华中科技大学)六所院校设立了公共英语教师培训中心,致力于继续提高公共英语教师的教学水平。以上这些措施都是国家在这一时期为培养高校公共英语师资力量所做的规划。

大学英语师资的培训在这一阶段也取得了很大成绩。例如,设在天津大学的华北地区公共英语师资培训班,任课教师以外籍专家为主,自 1980 年 4 月至 1981 年 11 月一年内就举办了四期,培训教师 154 名。学员的英语语言实践能力,特别是听、说水平通过培训后都有显著的提高。类似的师资培训班还在上海、重庆等地举办,这样,1980 年启动的高校英语教师培训计划到 1983 年共为高等院校培训了 4 000 余名英语教师,其中有 2 000 多名大学公共英语教师。为增加公共英语师资数量并提高公共英语师资的质量,1984 年北京、上海和广州三所外国语院校在教育部的指示下,其英语专业学生的招生人数各增加了 20 人,其他 10 所综合性大学和两所师范大学英语专业的招生人数也各增加了 10 人,这些学生毕业后专门进入高校充实公共英语教学的师资力量。

3.1.3.5 第五阶段(1985—1993 年):外语教学规模扩大,外语教师非常短缺

由于 1986 年《大学英语教学大纲》的颁布,大学外语教学在全国范围内对全体高校学生开展(此前仅针对理工科院校本科生开展),导致各语种师资短缺。为解决大学英语教师短缺问题,各高校广泛开展了各种在职和脱产培训,继续贯彻 1979 年《加强外语教育的几点意见》提出"培养从事科技外语教学的教师"的指示。师资队伍在数量和质量上有了较大进步,但相当一部分理工科院校的大学英语师资数量与质量与大纲中的要求还存在很大差距,很多教师课时多负担重,还有一部分教师本身听说水平没有达到规定的要求,师资建设仍须加速进行。

英语以外的其他语种的师资短缺尤为严重。小语种师资在数量和质量上存在更多问题,尤其是大学法语教师。此时全国从事大学法语教学的教师仅为 400 多人(王守仁,2008:228)。

3.1.3.6　第六阶段(1994—1999 年)：高校招生逐年扩大,外语教师急缺

自 1999 年起,高校招生规模逐年扩大,这给大学外语师资造成了沉重的压力,外语教师急缺。从 1999 年起全国高校每年增加 50 万学生,这急剧地增加了大学外语教师的教学工作量,学生班级规模不断扩大,教师数量不足,造成大学英语教师超负荷的工作量。据统计,大学英语教师每周工作量至少 12 到 14 课时,大学日语教师授课时数大多为每周 18 课时。

与大学英语师资相比,其他外语语种的师资力量更为薄弱。除教师数量短缺外,大学外语师资还存在很多问题,如教师的年龄、职称和学历结构不合理,外语教师队伍不稳定、流动较快,大多数的大学外语教师缺乏教育学、心理学等方面的知识,外语教师现有的知识结构与社会发展需求差距较大,等等。

各高校对于外语师资建设和发展的重视度较低。20 世纪 90 年代初以来,外语院校、综合性大学和师范院校的英语专业一直是大学英语师资的主要来源。该阶段由于英语语言文学专业研究生的数量较少,很多高校的英语教师为本科毕业生,大学外语师资队伍的学历结构整体偏低。国家对大学英语师资的培训问题自 20 世纪 80 年代初开始关注,也兼顾对其他语种师资的培养,如 1995 年受国家教委委托,北京外国语大学德语系与德国的歌德学院北京分院联合对刚参加工作不久的青年大学德语教师进行了为期 6 个月的培训,其中国内培训 5 个月,国外 1 个月(梁敏,1997)。高校普遍对于大学外语师资重视不够,这造成了大学外语教师进修学习的机会较少,使得大学外语师资的数量和质量都无法得到保障。

3.1.3.7　第七阶段(1999—2013 年)：大学外语教学改革,利用信息技术进行教学,师资有所提升,总体数量仍缺

20 世纪末 21 世纪初我国的高等教育开始大规模扩招,高校学生数量以每年 8% 的速度增长,班级规模日益扩大,大学外语师资急缺,传统的课堂教学模式也难以开展。在这段时期教育部开始推行基于计算机多媒体和网络信息技术的大学外语教学新模式。这在一定程度上缓解了教

师短缺的压力,但是由于教师缺口太大,并不能解决根本问题。

教育部十分关注大学外语教师的培训和教师队伍建设,并采取了一系列措施来提高其数量和质量。为适应信息时代发展的要求,2004年的《大学英语课程教学要求(试行)》(下简称"《课程要求》")特别提出要提升大学英语教师的信息素养,开展培训工作,以适应基于网络信息技术的英语教学新模式。2007年的《课程要求》对英语师资的培养工作做了进一步的说明,并提出"各校应建设年龄、学历和职称结构合理的师资队伍,同时为教师提供学术休假和进修的机会,以保证教师教学水平和科研水平的不断提高"。2006年9月高教司下发《关于开展大学英语教学改革巡讲活动的通知》,并组织一些大学英语研究领域的专家学者在部分地区以巡讲的形式来培训大学英语教师,以提高教师教学水平并推广大学英语教学新模式。这一活动由教育部高教司负责组织和协调,共做了47场报告,每次对一所大学的200到300名教师进行集中培训,规模之大,前所未有。此外各重点大学、外语教学研究会以及出版社等都利用自身资源组织对大学英语教师的培训。

这一阶段我国大学英语师资质量整体偏低。2002年对10所重点大学和331所其他高校的调查发现具有博士学位的大学英语教师比例很小,比例不超过3%,而学士和学士以下学历的高达76.7%,完全没有外籍大学英语教师的学校占43.4%(蔡基刚,2005:21)。根据2008年教育部高等学校大学外语教学指导委员会对于全国大学英语师资的大规模调查,目前我国大学英语师资的学历层次较前有了提高,具有硕士学位和博士学位的教师比例有所增加,各高校英语教师接受国内外各种教学和学术培训的次数较之前有所增长。21世纪以来,大学英语教师的学历逐年提高,一些教师攻读了硕士和博士学位,他们的专业大多是语言学或文学,很少有教师攻读教育学、教育语言学等真正以语言教学研究为方向的学位。

在数量上,由于高校扩大招生的政策,教师培养无法跟上扩招速度,有调查数据显示,2001年全国大学英语课程平均每班人数超过50人,大学英语教师总数与学生人数之比达到了1:130(王建新,2002),近年来这一趋势有所加重。受高校招生规模逐年扩大的影响,目前大学英语教师的教学工作量仍然比较繁重,大部分学校教师每周工作量为 8 到 12 课时,有四分之一的学校大学英语教师周工作量达到 16 课时。面对日益增长的学生数量,大学英语师资队伍在数量上仍存在较大的缺口(王守仁,2005)。

在小语种方面,大学外语教学指导委员会各语种小组都采取了一定的措施:如日语组在 2006 年对全国大学日语教师现状进行了调查;俄语组组织建立了大学俄语教学研究会;德语组于 2003 年、2006 年和 2007年多次组织全国大学德语教师的培训。但总体来说,大学非英语外语师资的数量和质量问题比大学英语师资更为严重,由于各高校普遍对大学非英语外语教学不够重视,大学非英语外语教师在培训进修、待遇等方面均不如大学英语教师(魏芳,2010)。由于上个世纪末以来的高校扩招的压力以及非英语语种课程开设范围小、学生少,大学非英语外语师资仍然面临严峻的短缺问题。

3.1.3.8　第八阶段(2013 年至今):标准化阶段

《英语类专业本科教学质量国家标准》对外语教师专业发展提出了详细的办法。2013 年的《上海市大学英语教学参考框架(试行)》对外语教师的专业发展提出了具体方案。《框架》指出教师是开展大学英语教学改革的关键。教师应首先转变观念,并纠正大学英语教师对学术英语的偏见和误解。大学英语教师并不一定需要有很强的专业知识。他们应当利用学生对专业知识的了解,推动语言课堂的交流。英语教师的作用是帮助学生获得在其专业领域中进行口头和书面交流的语言能力,帮助他们实现有效的专业学习。

具体建议包括:

(1) 适当减少学术英语课程新任教师的工作量,并保证他们参加不少于一个学期的岗内培训,如:每周进行 ESP 文献阅读和教学案例讨论等;参加学术英语教材编写以提高理论水平;旁听教学对口的专业院系的相关课程,了解学生在专业学习上的困难和需求等。

(2) 应经常组织或参加国内或国际的"ESP/EAP 学术研究"和"ESP/EAP 工作坊"之类的研讨会,邀请 ESP 专家开设讲座和讲课。组织 ESP

教师与同行进行 ESP/EAP 课程的互相观摩,交流经验和体会。③ 采用"走出去,请进来"的方法,让相关专业院系的教授解答专业知识上的问题,以帮助语言教师了解相关专业的基本内容和学科领域的发展情况,尤其是学科的语篇体裁、语言交际能力和策略以及专业学习和工作对英语能力的需求。

师资培训环节,从中华人民共和国成立初到现在,我国对外语教师的培训都很重视,但是限于各种客观因素的变化(如语种的调整、学生数量的激增、教学方式和内容的变化等),教师的数量和质量以及师资培训总是赶不上教学的要求。尽管高校中具有博士学位的教师的数量在逐年增加,但是教师的整体质量依然有待提高。由于教学教育内容的不断变化与更新,教师教育与培训仍需进一步加强。

3.1.4 大纲设计/课程设置的历时分析

3.1.4.1 第一阶段(1949—1955 年):突出俄语,淡化英语

1954 年,我国政府第一次发布了有关外语教育的重要文件——《关于全国俄文教学工作的指示》(下简称《指示》)。《指示》对于俄文专科学校、高等学校俄文系、高等师范学校俄文系、综合性大学、高中、中等技术学校和初中的俄语教学从教学任务、教学计划、教学方法、课程设置及师资培养等各方面做出了规定。但是,这一阶段大学公共英语几乎完全从高校课程设置中消失,1952 年,除了华师大有 5 名学生选修英语(每周六学时)外,高校公共英语几乎绝迹(蔡基刚,2005:89)。

3.1.4.2 第二阶段(1956—1966 年):恢复英语,收缩俄语

1955 年的《英语教学大纲》提出了明确的教学目标,强调了英语阅读技能的重要性,明确指出英语课的目的是"为学生今后阅读专业英语书刊打下较扎实的语言基础","掌握阅读一般科学技术书籍所必需的语法知识;能借助词典不很困难地独立地阅读内容为学生所能理解的一般科学技术书籍,并能正确地译成汉语;能阅读难易程度和第四阶段末的课文相仿的文章"。《英语教学大纲》中课程设置的规定为:公共英语课共为"240 学时,安排在第 1 学期至第 4 学期。课程分四个阶段,各阶段时数

为 72 学时,72 学时,50 学时和 46 学时"。

在 1962 年《外语教育七年规划纲要》指导下,高校英语课比重逐渐加大,公共俄语等其他语种的课程也纷纷出台了各自的教学大纲,对各语种的学时、教学内容、教学目标等做出了各自具体的安排。当时的高等教育部规定了公共英语和公共俄语的最低学时数:哲学社会科学各专业为250 到 350 课时,理工科各专业为 200 到 300 课时(李传松,2006:213)。

3.1.4.3　第三阶段(1966—1976 年):外语教育停滞

在此阶段,外语教育处于停滞状态。

3.1.4.4　第四阶段(1977—1984 年):外语教育的复苏

1980 年 6 月,高校理工科教材编审委员会成立并召开了全体会议,由清华大学、北京大学等几所院校联合制订了《理工科英语教学大纲(草案)》,对公共英语教学提出了新的要求。

1978 年开始,英语重新成为高校非英语专业学生的第一外语。在教学目的上,1980 年的《大纲》与 1962 年的《大纲》基本相同,仍然是以培养阅读专业英语书刊为目的,区别主要是在教学内容上,"20 世纪 60 年代初期的《大纲》提出要结合专业来打语言基础,而 1980 年的《大纲》则只是提出内容要体现科技外语的特点,不主张过早地结合某一具体专业"(付克,1986:205)。另外,新《大纲》在教学目标上不仅对阅读,而且对听、说、写等方面都提出了要求(张蔚磊,2011)。

在课程设置上,新《大纲》针对不同学生有了不同的安排,如"新生超过大纲入学要求,可直接进入第二阶段学习,达到大纲要求后可选修翻译、写作等课程",并把"专业阅读"作为一个阶段正式列入大纲。但是,1980 年的《英语教学大纲》对各个学校在每学期的教学安排、教学内容和教学要求上并没有制订具体的标准和要求。培养学生阅读专业外文书刊能力的高校公共外语教学目的自 20 世纪 50 年代初至 20 世纪 80 年代初没有发生太大的变化,外语阅读技能始终是高校公共外语教学的重中之重。

此外,1980 年的《英语教学大纲》面向的教学对象是理工科专业的高校学生,提出的教学目的和课程设置等也都是与理工科专业的特点相结合的,对于文科专业学生的公共英语教学目的、教学要求和课程设置等并未涉及。

在课程设置上,外语教育以英语为主,俄语、德语、日语和法语常常是第二外语,教学对象通常具备第一外语即英语学习基础和一定的二外语种学习基础。这一时期的高等院校中,公共外语课程中第二外语通常每周4学时,开设时间一般不超过一学年,最多两年。此外,公共外语的第二外语课程一般分为两个阶段,即基础阶段和专业阅读阶段,基础阶段所占学时大约为150(魏芳,2010)。

3.1.4.5 第五阶段(1985—1993年):稳定发展

1985年的《大学英语教学大纲(高等学校理工科本科用)》和1986年的《大学英语教学大纲(文理科本科用)》在课程设置方面,将大学英语的基础教学分成了六个级别:其中从一级到四级为基本要求,属于必修课程,每学期一级;从五级到六级为较高要求,属于选修课程,一般每周2学时;重点院校学生须达到四级要求,普通院校的学生所要达到的级别则视具体情况由各校自行规定。大纲规定理工科大学英语课时总共为240学时,课程开设时间为第一至第四学期,每周4学时,从第5至第7学期开设专业阅读课程,共100至120学时,主要包括精读、泛读和听说等课程;文理科大纲的规定则是280学时。

其他各语种都参照《大学英语教学大纲》(1986)的规定将教学分为基础和提高两个阶段,六个级别,并规定提高阶段的专业阅读为必修课。基础阶段的大学英语教学为必修课,其他外语语种课程一般为选修课。除大学英语以外,其他语种的教学一般都分为第一外语和第二外语。第一外语的教学对象通常为已有一定本语种学习基础的非外语专业本科生,课程开设两年,学时240到280左右。第二外语的教学对象一般是已有其他外语(通常是英语)学习基础,但本语种的学习为零起点的英语专业本科生,课程开设一年,约为120到140学时(魏芳,2010)。

3.1.4.6 第六阶段(1994—1999年):加速发展

1999年的《大学英语教学大纲(修订本)》在1986年大纲的基础上,更进一步,在教学要求上不再区分理工科和文科专业,把教学对象确定为全国各类高等院校的本科生。

课程设置方面,1999 年《大纲》将大学英语教学分为基础阶段和应用提高阶段。基础阶段分为六级,教学时数不少于 280 学时,每学期为一个级别,每级 70 学时,每周不少于 4 学时,共四个学期;应用提高阶段的大学英语课程分为专业英语和高级英语,专业英语为必修课,教学时数不少于 100 学时,每周 2 学时,在基础阶段学习结束后的第五到第七学期进行。高级英语属于选修课,一般由各校根据实际情况为已经通过六级考试并学有余力的学生开设(魏芳,2010)。"英语学习四年不断线"是 1999大纲的主导思想。

在这个阶段,大学英语是第一外语,其教学对象为各类高等院校非英语专业一、二年级的本、专科生。根据教学对象的不同,其他语种被分为第一外语和第二外语。譬如:大学日语(第一外语)的教学对象为入学前已有较好基础的高起点一、二年级本科生,属于必修课,共 260 学时左右,第四个学期末要参加全国大学日语四级考试;大学日语(第二外语)的教学对象为零起点的非日语专业本科生,属于公共选修课,同时也是英语专业学生的必修课,学时各校有所不同,并不固定。大学日语(公共选修课)一般开设两个学期,120 学时,大学日语(英语专业必修课)开设 2 到 4 个学期,120 到 240 学时(王守仁,2005)。

大学德语(第二外语)有三种课程设置:一种是每周 4 学时,共 76 学时左右,一个学期内完成;另一种也是开设一学期,每周 4 学时,但总学时减少为 64 学时;还有一种共开设两个学期,每周 4 学时,共 144 学时。但大多数学生只选修一个学期的德语课(邓俊超,2002)。其他语种的课程设置与此基本相似,但在开设时间和总学时上会根据各校的不同情况而有所不同。

该阶段的大学外语教学规模比前一阶段有了较大增长。然而,由于在课程设置上普遍存在课时少、开设时间短的问题,加上大部分课程是作为第二外语的公共选修课,大学外语其他语种的教学在高校中普遍不受重视(王守仁,2008)。

3.1.4.7　第七阶段(1999—2013 年):大学外语改革

为满足该阶段经济发展的需求,根据教育部颁布的最新政策,大学各外语语种的课程都对教学大纲进行了不同程度的修订。

大学外语课程的对象发生了一些变化。2004年的《大学英语教学大纲》规定大学英语是高校非英语专业一、二年级本科生的必修课,教学对象为全体本科生。2001年颁布的《大学俄语教学大纲》规定大学俄语教学不再将教学对象区分为理工科和文科。大学日语教学所面向的教学对象范围更广,既包括本科生也包括研究生和专科生。2008年的《大学日语课程教学要求》也不再区分日语作为第一外语和第二外语的教学对象,统一进行分级指导。

大学外语的课程设置也有了变化。该阶段大学英语的课程设置不再沿袭1980年以来将大学英语教学分成两个阶段的做法,取消了将基础阶段的教学划分为六个级别的分级制,而将原来基础阶段和提高阶段的教学要求分成三个层次,根据学生的实际情况提出不同的要求,并要求各高校应"将综合英语类、语言技能类、语言应用类、语言文化类和专业英语类等必修课程与选修课程相结合",但未列出课程的具体名称,鼓励各校主动根据自身实际情况设计本校的大学英语课程。在这种思想的指导下,大学英语仍是本科生一、二年级的必修课,但原来那种每周4学时,共16学分的课程设置逐渐向多元化方向发展,将传统的课堂教学与网络课堂上的自主学习结合起来,出现了多种课程模式:30人的口语课+60人的读、写、译+120人的讲座课,2节读写课+2节课堂活动(隔周一次)/两次自主上机学习(隔周一次),小班授课+大班网络自主学习配备教师辅导,等等(王守仁,2008:83)。大学外语的其他课程设置与前一时期相比变化不大。

3.1.4.8 第八阶段(2013年至今):标准化阶段

《英语类专业本科教学质量国家标准》对这一阶段的课程设置做了进一步的详尽的规定。

《上海市大学英语教学参考框架(试行)》所规定的教学内容主要有英语教学分为通用英语(EGP)和专门用途英语(ESP)两种。通用英语是一种除打语言基础外并无特殊目的的语言教学。专门用途英语是为学生专业学习需求或为未来工作需求服务的语言教学。根据使用目的的不同,专门用途英语又可分为职场英语（EOP）和学术英语（EAP）。职场英语是具有岗位培训特色的英语教学,学术英语则是一种在高校层面上为大学生用英语进行专业学习提供语言支撑的英语教学。《框架》对课程体系也做出了一系列要求,上海高校的大学英语课程体系由过渡课程、核心课程和选修课程三类课程组成。过渡课程是指通用英语课程,主要为英语水平较低的新生打基础而设置,目的是使他们能够尽快过渡到核心课程上来。过渡性的通用英语课程包括听说、阅读、语法和写作等具体课程。通用英语课程一般应规定为选修性质。核心课程指学术英语课程,分通用学术英语课程和专门学术英语课程两类。通用学术英语课程主要培养跨学科的学术英语能力,课程包括学术听说、学术阅读、学术报告展示和学术写作等。这些学术英语技能是每个大学生必须掌握的,同时又能巩固和直接提高他们的通用英语能力,因此,通用学术英语课程应设置为必修性质,并保证有足够的学分使学生的口头以及书面学术英语交流能力得到有效的训练和提高。

专门学术英语课程侧重于特定学科的词汇、句法、语篇、体裁和交际策略的教学。可根据学校教学和专业设置情况,开设如法律英语、医学英语、计算机英语、海事英语、商务英语等课程,还有特定领域的工作场所英语课程,如技术报告写作、个人简历写作和会议陈述演示等。课程性质应由各大学甚至各专业院系根据实际情况设定。

选修课程主要指培养学生通晓本专业国际规则,掌握学术交往中的跨文化交流、合作和沟通的技能,培养他们对不同文化的理解和宽容态度以及对本民族文化认同感的通识英语课程,如英美社会与文化、科学发展与伦理、哲学与批判性思辨、学术中跨文化问题和英语公众演说等课程。有条件的学校可以开设诸如英美文学、外国影视欣赏和莎士比亚研究等外国文学课程,但这些课程原则上应在学校公共平台的通识教育板块上开设。

课程设置应体现办学自主权和分类指导的原则。各校可根据课程性质、学分比例、课程名称和课程内容等,结合本校实际情况（如专业需求、学生水平）,设计出个性化的校本大学英语课程体系和各专业院系大学英语课程方案,将通用英语课程、学术英语课程和通识英语课程有机结合,以确保不同层次和不同专业需求的学生在新的课程体系中得到有效的训练和提高。

从中华人民共和国成立初到现在,外语教育的课程体系正在不断完善,从最初的单一的纯语言类的课程发展到现在的通识教育课程和专门用途外语课程,从最初的强调读、写能力到强调听、说、读、写四项能力并重,再到现在的强调跨文化沟通、国际理解和批判性思维能力。外语教育的课程体系正在日益完善。

3.1.5 培养目标的历时分析

3.1.5.1 第一阶段(1949—1955年):突出俄语,淡化英语

1953年教育部召开了第二次俄文教学工作会议,指出应培养学生初步阅读本专业俄文书籍的能力,能通过俄文在自己所学的业务范围内直接学习苏联的先进经验,更好地提高自己的科学知识和技术水平,根据这一精神,各校相应制订了各自具体的教学目标。但是,根据很多院校的粗略统计,课程结束时具有初步阅读能力的学生约为总人数的三分之一(李传松,2006:213)。

3.1.5.2 第二阶段(1956—1966年):恢复英语,收缩俄语

1964年的《外语教育七年规划纲要》所针对的群体涉及初中、高中、外国语学校、高等外语院校和普通高等学校,高校公共外语课程的教学对象主要是高校非外语专业的学生。《纲要》提出公共外语课程的目的应该使"学生能阅读外文专业书刊;部分学生能进行一定程度的会话;少部分优秀的学生应该达到更高的水平"(付克,1986:80)。

1955年的《英语教学大纲》所针对的培养对象为高等院校理工科的学生,并规定教学对象为"中学学过三年英语的学生"。《英语教学大纲》中所强调的"英语与专业相结合"中的"专业"主要是指理工科专业,教材内容也多为理工科专业知识(凌渭民,1962)。《大纲》对学生阅读能力的要求是大学毕业时学生的词汇量应达到1 400词(黄建滨,2003),"每小时的阅读速度达5 000印刷符号左右,"相当于每分钟阅读16个词(李箭,

2008：54)。

3.1.5.3　第三阶段(1966—1976 年)：外语教育停滞

在此阶段,外语教育处于停滞状态。

3.1.5.4　第四阶段(1977—1984 年)：外语教育的复苏

在这一阶段,国家着力于恢复和发展经济,需要大批的翻译人才特别是科技领域的外语人才,因此公共外语各语种的教学都以培养学生的外语阅读能力为首要目标。在这一目标的指导下,这一时期的大学毕业生在外语阅读能力方面比前一时期有了很大进步,但与社会的实际需求仍存在较大的差距。

1) 英语

1980 年的《英语教学大纲》要求学生掌握 1 400 个生词,掌握基本的语法结构,掌握阅读英文文献的能力,具备适当的听、说和写的能力,注重学生的语言操练(张蔚磊,2011)。大纲要求学生毕业时的阅读速度能达到每分钟 17 个词,而根据调查,这一速度仍无法达到社会对于能够快速查阅、分析、归纳有关外文书刊和资料的人才的要求(陈培根,1984)。

2) 俄语

1980 年颁布的《高等学校理工科本科四年制试用俄语教学大纲(草案)》提出,公共俄语的教学目的是使学生完成大纲规定的各阶段学习任务之后能够顺利阅读本专业的科技文章,"培养学生具有较强的阅读能力、一定的听和译的能力、初步的写和说的能力,使学生能以俄语为工具获取专业所需要的信息"(王金蝉,1989)。并要求公共俄语的教学对象为中学学过俄语并在入学时已掌握约 700 个单词和基本俄语语法知识的学生(司殿翔,1990)。

3) 日语

同一年颁布的供高等院校理工科使用的《日语教学大纲》中也规定高校公共日语教学要"使学生掌握阅读日语科技书刊所必需的语法知识,掌握词汇 2 200—3 000 个,再通过高年级的专业阅读训练,继续扩大词汇量 700—1 000 个,达到能比较顺利地阅读日语文献资料的水平"(罗传伟,

1988）。最初，教学对象为高校非日语专业零起点的学生，自1983年起教育部规定高校公共日语课程的教学对象应为入学前已有日语学习基础的学生。

4）德语

主要指在理工科院校开设的公共德语课程，其教学目的也是使学生掌握阅读科技德语文献的技能，即能够泛读和精读本专业的德语书刊（郑羡兰，1985）。

1983年全国非外语专业的在校大学生共1 206 823人，其中学习公共外语课程的学生大约有110多万人（付克，1986：97），与1966年前相比有了明显的增长。

3.1.5.5　第五阶段（1985—1993年）：稳定发展

1985年和1986年颁布的两份大学英语教学大纲的培养目标基本相同，即使学生具备较强的阅读能力，以便获取专业知识和信息。1985年的《大学英语教学大纲（高等学校理工科本科用）》还特别强调了学生要具有一定的听和译的能力，1986年的《大学英语教学大纲（文理科本科用）》则对译的能力没有提出要求。其他语种教学大纲的目标与英语学科的教学大纲类似，如大学俄语的教学目标为培养学生具有使用俄语进行口头或书面交际的能力，并制定了三个层次的教学目标，其中培养较强的阅读能力为第一层次。各语种在这一时期基本上都以培养学生的阅读能力为首要目的，即培养学生具有较强的阅读能力，一定的听和译的能力以及初步的写和说的能力（王守仁，2008：45）。

在这个阶段，大学外语教学的对象发生了转变，从只针对理工科专业学生转向全国各类高校全体非外语专业的本科生。1985年的《大学英语教学大纲（高等学校理工科本科用）》针对理工科专业的本科生，1986年的《大学英语教学大纲（文理科本科用）》面向文科和理科专业的本科生。1987年《大学俄语教学大纲》的教学对象为全国大学非俄语专业并且以俄语为第一外语的本科生；《大学德语教学大纲》的教学对象为各高校所有非德语专业并以德语为第一外语或第二外语的本科生；《大学日语教学大纲》的教学对象为入学时已有一定基础的非日语专业并以日语作为第一外语的本科生；《大学法语教学大纲》的教学对象为有英语或其他外语基础的外语专业或非外语专业的本科生。

大学毕业生的英语阅读水平在该阶段有了很大提高,由以前的毕业时掌握 1 500 个词汇提高到能够掌握 4 500 个词汇,学生按照分级所达到的相应水平在人才市场上也显示了它的社会价值(应惠兰,1996)。

3.1.5.6　第六阶段(1994—1999 年):加速发展

1999 年的《大学英语教学大纲(修订本)》的培养目标是使学生拥有用英语进行信息交流的能力,即听、说、读、写、译的英语综合运用能力,并特别突出了阅读能力的重要性。《大学英语教学大纲(修订本)》指出“阅读能力是大部分大学生今后工作所需的主要语言技能”,要“始终注重阅读能力的培养”。这一阶段大学英语教学的重点是为帮学生打好语言基础。

其他语种的培养目标也与此相似,即以培养阅读能力为重点,同时培养一定听和译的能力以及初步的写和说的能力。

3.1.5.7　第七阶段(1999—2013 年):大学外语教学改革

2002 年的《关于大学英语教学与考试改革的基本思路》与《大学英语教学改革工程》明确表示这个时期大学英语教学的目标是“培养大量既懂专业又有一定英语应用能力的高层次人才,加强英语综合应用能力的培养,提高高等学校的大学英语教学质量”。为此 2004 年的《大学英语课程教学要求》针对以往大学英语教学以阅读能力为主导致学生听说能力较差的现象,特别强调在大学外语教学中要加强学生听说能力的培养。

2004 年的《大学英语课程教学要求(试行)》明确指出要“培养学生的英语综合应用能力,特别是听说能力”,2001 年颁布的《大学德语教学大纲》提出要“重视跨文化交际能力的培养”,2005 年和 2008 年的《大学日语课程教学要求》提出“培养学生不同层次的日语综合运用能力”。总之,在该阶段各语种都将培养学生的语言综合应用能力,特别是听说能力,作为大学外语教学的主要目的。

从教学效果上看,学生学习的自主性得到了很大的提高,计算机辅助外语学习的新模式使学生的综合应用能力特别是听力比以前有了明显的提高。然而,由于社会分工的进一步精细化,社会对外语能力的需求向专业化方向发展,一般的外语语言技能(即单纯的听、说、读和写能力)已经很难适应市场的需求,因此目前的大学毕业生在专业和学术方面的英语应用能力仍与社会需求存在较大差距。

3.1.5.8 第八阶段(2013年至今):标准化阶段

《英语类专业本科教学质量国家标准》对这一阶段的培养目标做了详尽的规定。

2013年的《上海市大学英语教学参考框架(试行)》指出大学英语教学的目标是:使学生具有较强的听、说、读、写学术英语交流能力,使他们能用英语直接从事自己的专业学习和今后的工作,在自己专业领域具有较强的国际交往能力;在提高学术交流能力和学术素质修养的同时,培养他们的人文素质修养,提升他们跨文化交流、沟通和合作,以及参与国际竞争的能力,以适应上海市和国家的社会和经济发展的需要。

学术英语是高校大学英语教学的主要内容,它具有帮助大学生从高中通用英语过渡到大学通用英语进行专业学习的不可或缺的桥梁作用。学术英语可细分为通用学术英语(EGAP:English for General Academic Purposes)和专门学术英语(ESAP:English for Specific Academic Purposes)两种。前者主要训练学生各学科通用的学术口语交流能力和学术书面交流能力,例如听讲座、做笔记、报告展示、撰写文献综述和课程论文、参加学术讨论等能力。后者是以某一特定学科领域(如金融、法律、工程、医学等)为内容的英语教学,但主要注重这一学科的特定语言(如词汇、句法、篇章、体裁)和工作场所交流技能的教学。

《上海市大学英语教学参考框架(试行)》对该阶段的能力目标也做出了具体的要求。根据用英语进行专业学习和工作所需要的学术技能,下表提出了在完成大学英语教学后学生应该达到的两个等级的能力目标,供教学和评估使用。其中,较高级目标是在完成一般级目标基础上提出的更高教学要求。建议各学校根据专业需求和学生英语水平确定其中一个或交叉搭配两个等级目标,制定出切合实际的,能够达到的大学英语能力目标。

表 3-1　学术英语能力等级量表(上海市教委,2013)

能力	一 般 级	较 高 级
听	能掌握各种基本听力技巧,如听前词汇猜测、辨认主要信息、捕捉衔接词等。除此之外:① 能听懂语速一般、发音比较标准的短篇学术讲座和专业讲课;② 能将大意或重点记下来,使他们能就此写简短的小结;③ 能就讲座中没有听清楚的主题和大意进行提问和回答。	在掌握一般级的听力技能基础上:① 能使用听学术讲座的各种策略;② 能听懂语速正常、有些口音的较长篇幅的专业讲课或讲座;③ 能把记下的内容组织起来,以便能写出比较完整的摘要;④ 能就讲座中比较具体的细节和有关内容进行提问和回答。
说	能掌握英语基本说话技能,如能用可理解的英语交流信息与看法,能使用各种提问技巧和表示同意和反对等讨论策略。除此之外:① 能就与专业相关的话题进行较短的、简单的陈述演示;② 能应对各种提问或评论;③ 能在小组讨论上,采用恰当的会话技能。	在掌握一般级的说话技能基础上:① 能用较标准的英语交流一些复杂的信息与有说服力的看法;② 能在专业的国际学术会议上宣读论文,并能用有效的身体语言和目光交流;③ 能运用各种会话策略有效地参加学术讨论、辩论和提问与回答环节。
读	能掌握基本阅读技能,如跳读、略读、上下文推测意思、仔细阅读和泛读等。除此之外:① 能读懂篇幅较短的、与专业有点关系但是针对一般无专业背景读者的学术文章(如报刊上的科普文章);② 能读懂浅近的专业教材的内容。	在掌握一般级的阅读技能的基础上:① 能阅读长篇专业文章,理解其中主要观点和细节;② 能读懂专业教材的内容;③ 能学会批判性阅读技能,如能区别文章的事实和观点,正确判断信息来源的可靠性和可信性,辨认信息中的片面性。
写	能掌握基本写作技能,如组织主题句/支撑句、衔接技能和句子变化技巧等。除此之外:① 能写较短的学术文章,运用如定义、分类、举例、原因分析、比较和对比等方法;② 能就与专业相关的话题写一篇文献回顾;③ 能写为参加学术会议所需递交的发言摘要;④ 能描写表格和图表等的信息;⑤ 能运用书面表达的词汇和句法以及委婉模糊策略;⑥ 了解学术写作中的剽窃概念,并能用简单的方法避免自己写作中无意的剽窃。	在掌握一般级的写作技能基础上:① 能就与专业相关的话题写较长的小论文(如 1 500 个词左右);② 能用本学科或专业的学术规范、论文结构和风格进行各种体裁的写作,如论文和技术报告等;③ 能合理引用文献资源,转写所引用的语句,以规范的格式编写文后的参考文献目录,掌握避免各种无意的学术剽窃的策略和方法。
词汇	能掌握词汇学习的各种策略,包括词汇记忆、上下文猜词义技巧等。除此之外:① 接受性词汇量能达到 8 000 个单词左右;② 能在说和写的交流中使用最常用的 3 000 个词的至少一种用法。这 3 000 个产出性词汇包括 570 个频率最高的学术词族和本学科或专业领域里使用频率最高的学术词汇。	在掌握一般级的词汇技能基础上:① 接受性词汇量能达到 10 000 个单词左右;② 能掌握这 3 000 个最常用词汇的各种搭配并能在各种口头和书面的学术交流场合中使用;③ 能掌握自己学科或专业领域里常用的专业词汇。

能力	一　般　级	较　高　级
学习	能掌握各种学习策略,包括如何管理学习时间、安排学习计划和检查学习进度。除此之外:① 能充分利用学校图书馆和语言学习中心提供的资源和设备进行学习;② 能运用网络信息搜索技能,搜索与专业学习相关的信息;③ 能分析和综合从各个渠道得到的信息;④ 能运用小组活动形式进行学习,培养独立自主的学习能力,在合作学习的环境里建立英语学习的自信心。	在掌握一般级的学习技能基础上:① 掌握学术研究的基本方法,例如,如何选择合适的课题,如何进行文献回顾和数据收集,如何用口头和书面形式汇报研究成果;② 能独立地或以团队合作形式开展专业方面的项目研究;③ 在研究中培养批判性和创新思维能力;④ 能在学习和学习策略方面给自己同伴帮助和建议;⑤ 培养具有用英语组织各种形式的学习讨论会和学术研讨会的能力。

自 20 世纪以来,我国外语教育政策的培养目标设置有一定的偏失,外语教育目标层次与社会发展需要不一致。不同学段规定的外语教育的目标背离了社会对人才的外语运用能力的要求,从而出现外语教育目标与社会需要背离的现象。这主要是因为我们的外语教育目标还不够科学,特别是在语言能力要求上定义模糊(鲁子问,2004)。进入 21 世纪以来,培养目标逐步细化,对外语人才各方面能力的要求越来越高,从最基本的对听、说、读、写的能力的要求提高到对批判性思维能力、跨文化沟通能力、创新能力、国际文化素养能力的要求等。从最基本的对外语人才的培养到对复合型、应用型人才的培养。人才培养目标还在逐步完善中。

3.1.6　教材教法的历时发展分析

3.1.6.1　第一阶段(1949—1955 年):突出俄语,淡化英语

在教学法方面,1952 年,"许多院校的大学俄语教学的教学目的、内容和方法与俄语速成教学类似,课程集中安排,教学内容也不是很贴合实际,因此教学效果不尽如人意"(王守成,2008:158)。因此,1954 年的《关于全国俄文教学工作的指示》要求高等学校的公共俄语课"一概采取循序渐进的正规教学方法,而不采取'速成'突击的方法"(张同冰,2002)。该

阶段并没有针对大学英语的教学方法。

在教材政策上,1954 年的《关于全国俄文教学工作的指示》对俄语专业教材的选择和编写的标准提出了具体要求(必须包括各专业学科的词汇)。1956 年高教部颁布了全国高等俄语院校教学大纲,但这些方针和指示主要针对的是高校专业俄语课程,而高校公共俄语此时尚无统一的教材和教学大纲。高校公共英语教学缺乏课程设置、教学方法和教材、课程评估等方面的政策指导。20 世纪 50 年代我国没有在全国范围使用的大学英语教材,一般是由各校英语教师为本校非英语专业学生编写的非公开出版的英语讲义(魏芳,2010)。

3.1.6.2　第二阶段(1956—1966 年):恢复英语,收缩俄语

20 世纪 60 年代初,为响应党中央的号召,在教学方法方面不少学校都注意加强听、说、读、写语言基本功的训练,部分学校试行了"听说领先法"并取得了一定成效。但在《外语教育七年规划纲要》(1964)提出的外语教育目标的指导下,高校大学外语教学仍以阅读和翻译教学为重,传统的语法—翻译教学法仍是这一时期的主流。

1961 年中央宣传部召开高等学校文科教材编选计划会议,由周扬亲自领导文科教材的编写工作。在这一会议的推动下,大学外语各语种的教材相继问世,这些教材的出版对于提高高校大学外语的教学质量起到了重要作用(付克,1986)。此外,在《英语教学大纲》指导下,教育部决定为大学英语编写全国统一的教材。1962 年,上海交通大学、同济大学、华东化工学院和上海工学院(上海大学前身)四校合编的《高等工业学校英语(试用本)》出版,成为中华人民共和国成立后第一套在全国范围内有较大影响的高校大学英语教材(李良俏,1988),供理工科院校使用。供高等学校文科非英语专业学生使用的教材为复旦大学董亚芬主编的《英语》,于 1961 年由上海教育出版社出版。20 世纪 60 年代的大学英语教材中还有华东师范大学编写的《理科英语》和上海第二医学院谢大任编写的《医学英语》,供医科院校选用。

这一时期的教材在内容上,具有浓厚的时代色彩的词汇、句子和文章占很大比例,其中以翻译文章为主,英文原著在教材中所占比例极小。

3.1.6.3 第三阶段(1966—1976年):外语教育停滞

在此阶段,外语教育处于停滞状态。

3.1.6.4 第四阶段(1977—1984年):外语教育的复苏

1979年的《加强外语教育的几点意见》提出了要加强外语教学法和语言科学的研究,要求"开设外语课的学校都应开展对外语教学法的研究,注意引进国外语言教学的先进理论和方法,搞好总结交流,不断提高外语教学质量"。然而,为了培养学生的语言知识和阅读专业科技文献的能力,本时期的公共外语教学仍以词法、句法、语法和翻译法为主,并认为采用语法翻译法对于培养成年人达到阅读外文科技文献的水平能取得较好效果(郑羡兰,1985),教师讲解几乎占课堂全部时间(司殿翔,1990)。

1977年国务院颁发《关于高等学校教材编审出版工作若干问题的暂行规定》,要求高等学校各类专业的公共课教材应由教育部及所属出版社编审和出版。1979年经教育部批准成立了北京外语教学与研究出版社和上海外语教育出版社,负责专门出版各级各类学校外语教材和教学用书。1979年的《加强外语教育的几点意见》对外语教材和教学方法进行了规划。《加强外语教育的几点意见》决定编选出版一批相对稳定的大学外语教材,规定各类通用语种的外语教材均应组织统一编写或委托有关院校主编,并由教育部组织的外语教材编审小组审查通过才能出版发行。在《加强外语教育的几点意见》中还对教材的编写提出了一些具体要求:"有条件的语种尚可根据不同要求和不同编写体系,编写几套教材,便于选择";新教材的编写"力争配以唱片、录音、幻灯、电影等各种视听教材,以提高教学效果",老教材也不必全部废止,"一些过去出版的较好的外语教材,可以重印发行,以应急需";教学中还可选用国外教材,教育部准备委托有关院校选定一批原版外文课外读物和教学参考书,但要请有关部门影印或经删改后排印出版,并只在内部发行(付克,1986:94)。

就英语教材而言,1977年,教育部召开了高等学校工科基础课教材座谈会,通过了《理工科公共英语教材大纲》。1980年召开了高等学校公共外语课教材编审委员会成立大会,会上设立了四个公共外语编审组,其中英语编审组的编审委员最多,负责编审理工科大学和综合性大学中理科专业的英语教材,综合性大学文科非英语专业的英语教材则由外语专业教材编审委员会兼管。因为当时进入大学的新生大多过去没有学习过英语,这一阶段的各种公共英语教材都是从"零起点"开始,学生从字母和音标学起,该阶段属于 1976 年后公共英语教材编写的第一阶段"(李箭,2008:37)。

此外,在这一阶段小语种教材也有了发展。这一时期出版了很多高校公共外语教材,如:公共日语教学主要采用湖南大学、天津大学的理工科基础日语和专业日语教材,教学内容以科普、科技和专业知识为主,选文题材也多为资料文献等;1980 年出版的供工科院校学生使用的《俄语》中所选用的词汇 80% 来自科技类文章(刘洁芳,1985)。总的来说,这一时期的公共外语教材更多地针对理工科专业的学生,选材内容多与科技和专业相关,有重理轻文倾向。

"在 1980 年至 1983 年间,共审定出版或再版公共英语教材 67 册"(李箭,2008:37),其中大连海运学院主编的《基础英语》、上海交通大学以及北京大学各自主编的《英语》,累计印数都超过 100 万册。复旦大学主编的《英语(非英语专业)》的印刷总量也达到了 185 300 册(付克,1986:217)。这些教材的出版与使用加速了外语教育的恢复。

3.1.6.5　第五阶段(1985—1993 年):稳定发展

在教法方面,1985 年和 1986 年的《大学英语教学大纲》提出"大学英语教学要立足我国实际,博采众长,根据不同对象、不同教学要求和不同阶段,采用不同的教学方法"。由于各语种教学大纲的教学目标都包含"较强的阅读能力",(虽然大纲中也提及培养学生的交际能力,但并未对具体的教学方法作硬性的规定),因此该阶段的教学方法仍是注重语法和词汇讲解的语法翻译法,在授课方式上以教师为主。在实践中,已经开始从过去单一的语法翻译法向包括交际法在内的多元化教学方法方向发展,不再推崇某种教学法而排斥其他方法。例如,《大学法语教学大纲》指出,由于教学对象多以已有其他外语基础(主要是英语)的学生为主,教学多采用法语与其他外语进行对比的方法。以读为主,译、写、听、说依次兼顾。

在教材方面,为了配合这一时期的大学外语教学大纲,各语种的统编教材先后出版。

大学英语教材为《大学英语》(1986 年版),该教材是国家教委委托复旦大学、北京大学、华东师范大学、中国人民大学等合作编写的。为编写此套教材,教委还特别聘请了两名专职外籍教师。这是我国第一套根据新的《大学英语教学大纲》的要求编写的教材,分为精读、听力、泛读、快速阅读和语法与练习等五种课程的教材。

大学俄语教材为《大学俄语基础教材》(1988 年版,俄语编审小组组织编写)。

大学日语教材较多,《大学日语》(1991 年版和 1993 年版),其选材主要来自日本原版书刊,是第一套以综合性教学大纲为依据编写的教材。作为第二外语的大学日语,教材种类更多,如《新世纪日本语教程》和《日本语初级综合教程》(1993 年版),其编写依据为 1993 年的《大学日语(二外)教学大纲》。

大学法语的主要教材为《公共法语》(1986 年版和 1987 年版,上海外语教育出版社)和《核心法语》(1989 年版,中国法语教学研究会和高等学校外语专业教材编审委员会法语组编)。大学德语教材仍为《德语(理工科用)》(1981 年版)。

3.1.6.6 第六阶段(1994—1999 年):加速发展

在教法方面,这一阶段的教学方法在各语种的大纲中并没有明确的规定。在政策文本中只有 1994 年的《大学法语教学大纲》提出"适当利用第一外语进行对比教学是比较适合大学法语教学的方法"。该阶段各语种的教学大纲都偏重培养阅读能力,大学外语的教学方法仍是以教师为主导的语法翻译法为主,课堂教学也仅限于尽可能多地灌输语言知识。

1999 年的《大学英语教学大纲》并不要求教师统一采用某种"最先进"的教学方法,而是要求教师采用的教学方法要根据不同教学对象和不同阶段的教学要求进行灵活的调整,并通过课堂教学既传授语言知识又加强语言应用能力(魏芳,2010)。然而,由于 20 世纪 90 年代以来的教材以培养语言基础为目的,教师仍然只能采用以教师为中心的传统的语法翻译法,课堂教学以语法分析和词汇讲解为主,不太重视对学生的语言交际能力的训练。

在教材方面,该阶段各语种的大学外语教材都是由教育部统一编写的。该阶段的大学英语教材逐渐改变了过去单一的教材类型,出现"系列化(分级)、多元化(多种课型)和配套化方向发展"⑤。1999 年的《大学英语教学大纲》突出强调培养学生较强的阅读能力,根据这一方针,当时的各种大学英语教材都配套出版了许多阅读课程教材。譬如《大学英语》系列教材中推出了精读、泛读和快速阅读的教程,其中精读教材注重语法分析和对阅读技能的讲解,泛读和快速阅读教材则在扩大词汇量和提高阅读速度方面为学生提供了实践机会。此外还有将精读和泛读相结合的《大学核心英语》教材等。在强调培养阅读技能的同时,各出版社还出版了听力、听说、写作等教材,其中复旦大学、北京大学、华东师范大学和中国人民大学合编的《大学英语》、上海交通大学编写的《大学核心英语》、清华大学的《新英语教程》和麦克米伦公司与高等教育出版社联合出版的《现代英语》这四套教材使用范围最广。但是,由于课时有限,各高校一般在实际的教学安排中以精读课为主干课程,其他教材的使用率实际并不高。此外,这一时期的大学英语教材在选材和编写上一直偏向趣味性和文学性,忽视了实用性,科普类文章较少。总的来说,这一时期的大学英语教材虽然已经开始注意培养学生的交际能力,实际上还是以传授语言知识为教学的重点,对交际技能的培养仍基本停留在理论层面上(魏芳,2010)。

《大学德语》(1994 年版)是当时使用最广泛的一套教材。大学日语教材根据教学对象分为第一外语日语教材和第二外语日语教材。这一时期的第一外语日语教材主要是大学外语指导委员会日语组编审和出版的《大学日语》,第二外语日语教材种类较多,使用范围较广的有《日语(第二外语用)》以及根据 1993 年《大纲》编写的《新世纪日本语教程》和《日本语初级综合教程》。

大学法语教材有《大学法语简明教程》(1995 年版)是由高等学校外

---

⑤　大学外语教材编审委员会工作总结(1985—1991)《草案》。

语教学指导委员会法语组根据 1994 年的《大学法语(第二外语)教学大纲》编写的,教学对象为以法语为第二外语的本科生。该套教材使用范围较广,时间较长(十几年)。此外 1999 年还出版了《大学法语听力教程》。

3.1.6.7　第七阶段(1999—2013 年):大学外语教学改革

随着多媒体、网络等现代教育技术的迅速发展,该阶段我国大学外语教学改革如火如荼地进行着,计算机辅助外语教学逐步推广,在教学方法和教材上都发生了很多变化。

为发挥学生外语学习的自主性,2004 年颁布的《大学英语课程教学要求(试行)》要求各高校"采用基于计算机和课堂的英语教学模式,改进以教师讲授为主的单一教学模式"。至此,我国大学外语的教学方法开始由以"教师为中心"单一的语法翻译法向以"学生为中心,教师为主导"的计算机辅助外语教学法发展。大学英语教学软件的使用范围逐渐扩大。该阶段的大学德语教学要求以交际法为主,其他教学方法为辅,开始以计算机、多媒体和网络等教育技术来辅助大学德语教学;大学日语教学在该阶段仍以语法教学为主,但开始提倡自主学习;大学法语教学提出要充分利用网络和多媒体信息技术,培养学生个性化、自主化的学习。其实早在1996 年,时任国务院副总理李岚清就号召对外语教学方法进行改进,特别提出"要采用先进的电化教学手段,编制计算机教学软件"。但是由于当时的信息技术等基础设施发展不够完善,这种教学方法在当时并未施行。

此外,非英语大学外语教学大纲也对教学法的改革提出了要求,但目前非英语大学外语教学是以教师为主导的传统授课方式为主,教学方法仍比较单一。

为配合 2004 年的《大学英语课程教学要求(试行)》的实施以及全国范围内大学英语教学改革和基于信息技术的新教学模式,在这一阶段很多出版社推出了大学英语新教材。如上海外语教育出版社的全新版《大学英语》(2001)、外语教学与研究出版社的《新视野大学英语》(2002)、清华大学出版社配合新的课程要求出版的《新时代交互英语》(2003)、北京大学出版社出版的《大学英语立体化网络化系列教材》(2004)。2003 年教育部还委托高等教育出版社等四家出版社研制与大学英语教材配套使用的大学英语教学软件,并于 2004 年向 180 所试点学校推荐使用,对大学英语教材由平面化向立体化发展具有强大的推动作用(魏芳,2010)。

同时,这一时期也出版了种类繁多的大学英语选修课教材,涵盖文化、经贸、科技等各方面内容,对以发展基础英语能力为主的大学英语核心教材来说是一种丰富和补充。

此外,教育部高等学校大学外语教学指导委员会各语种小组都根据该阶段颁布的新的教学大纲统一规划并组织编写了适合新时期需要的各语种系列教材,如《新大学俄语》《新编大学德语》《新大学日语标准教程》《新世纪大学法语》等,这些教材都属于普通高等教育"十一五"国家级规划教材。

3.1.6.8　第八阶段(2013 年至今):标准化阶段

《英语类专业本科教学质量国家标准》对这一阶段的教材和教法也提出了具体要求。

2013 年的《上海市大学英语教学参考框架(试行)》给这一阶段的教材开发提供了方向。它指出教材开发是实现《上海市大学英语教学参考框架(试行)》要求的关键。学术英语教材应区别于传统的专业英语教材(后者类似双语教材)。通用学术英语教材不需要严格限定在专业内容框架内,而是可以围绕人文科学和自然科学的一般话题进行跨学科的,或分大文科大理科的听、说、读、写学术技能的训练。专门学术英语教材则可按工程、金融、法律、海事、新闻、医学、心理学等学科进行特定领域的语言教学,但课文内容的专业性要降低。选材原则是体现该专业的语言结构和语篇体裁的特点,而非一定要追求专业知识的系统性和全面性,目的是训练学生在该领域里的听、说、读、写等交流技能而非对学科内容的掌握。无论是通用学术英语教材还是专门学术英语教材都应该做到材料的真实性和任务的真实性,如设计能训练学生搜索文献、撰写文献回顾、进行成果陈述汇报能力的项目和模拟工作场所的情景及其任务等。

学术英语教材,尤其是专门学术英语教材应该纳入校本教材或学科系统内教材的范畴。建议各高校按照《上海市大学英语教学参考框架(试行)》的教学内容和能力标准,以语言学理论和教学法理论为编写理念,根据自己学校的学科特点和办学方向,独自开发或与其他具有相同优势专业的院校一起共同开发教材。校本教材和学科系统内教材的编写应突出其前瞻性和示范性。校本教材的编写人员应由大学英语教师、专业教师和以英语为母语的外籍教师组成。其编写工作应基于对学生的英语实际水平分析和学生在专业学习方面对英语的需求分析。编写人员应深入专业院系,听取专业教师对教材内容、话题选择、核心词汇和语言要求的意见,在他们的指导下遴选编写课文的合适语料,并设计出真实任务,从而开发出能真正满足学生用英语进行专业学习和未来工作需求的教材。此外,各高校应加强相关 ESP 资料库的建设,其中包括通用学术英语资料库(如不同难度和主题的学术讲座视频、规避学术剽窃的案例等)和专业学术英语资料库(如各学科的高频词汇和用法、论文写作体裁的规范等),以利于教材的持续开发和学生的学习。

在这一阶段,不少学校开始研发自己的学术英语教材,上海外语教育出版社和外语教学与研究出版社等多家出版社已经出版了多种版本的学术英语教材、国际贸易英语教材、法律英语教材、机械英语教材、医学英语教材和商务英语教材等。这些教材或是从国外原版引进,或是国内教师自编的,至于其使用效果还有待进一步调查研究。

总的来说,大学外语的教学方式和方法正在随着大学外语教育政策的目的的改变和经济信息技术的发展而发生着变化。高校外语教育的政策目标转向实用化、高校扩招、计算机和网络等现代教育技术的飞速发展等因素导致了教学方式和方法发生了巨大变化。从语法翻译法到交际法,到基于网络和多媒体的教学方法,再到大数据方法,大学外语的教学方法正在经历着变革。教学方式也逐步从以教师为中心转向以学生为中心、教师为主导。同时学习方式也发生了变革,从原来的单一的课堂学习向现在的第二课堂、自主学习、项目学习、任务学习等方式转变,并逐步实现多模态学习、移动学习、泛在学习和无接缝学习等。

教材的发展也经历了翻天覆地的变化,从中华人民共和国成立初的非公开出版的英语讲义到出版全国统一的教材,到出版不同要求和不同编写体系的教材,再到不同课程的教材(如精读、听力、泛读、快速阅读和语法与练习等五种课程的教材),教材的发展向系列化(分级)、多元化(多种课型)和配套化方向发展。目前大学英语教材正朝着立体化网络化教材发展,种类繁多的大学英语选修课教材(涵盖文化、经贸、科技等各方面内容)也蓬勃发展起来。此外,目前很多学校正在研制自己的校本教材和专门用途英语教材。大学外语教材正在朝着多样化、系列化、多元化、立体化、数字化、校本化和专业化方向迈进。

3.1.7　评估政策/考试政策的历时分析

3.1.7.1　第一阶段(1949—1955 年):无标准,笔试

1962 年以前,高校入学考试中并不包括外语考试成绩。高校公共外语课程的考试方式主要为笔试,注重阅读和翻译,考试由各校自行组织和安排,这一时期有关高校外语教育的文件中尚无关于高校公共外语课程考试方法和内容等的具体要求。

3.1.7.2　第二阶段(1956—1966 年):无统一考核标准,重理轻文

这一时期高校大学外语课程尚无统一的考核标准,且重理轻文,一般由各语种教师自行出题安排考试。

3.1.7.3　第三阶段(1966—1976 年):外语教育停滞

在此阶段,外语教育处于停滞状态。

3.1.7.4　第四阶段(1977—1984 年):尚无具体标准,基本为笔试形式,主要考察阅读能力

该阶段,在偏重培养阅读能力的教学目的指导下,高校大学外语课程的考试方式一般以笔试为主,主要考查学生在课程学习结束后所达到的阅读和翻译水平。从大学外语各语种课程的评估方式来看,这一时期的大纲还没有规定具体的考试方法和标准。

3.1.7.5　第五阶段(1985—1993 年):测试进入标准化初期阶段——四、六级考试雏形

1986 年的《大学英语教学大纲(文理科本科用)》规定"各高校学生自入学起要根据分级考试来确定英语水平,以便进入相应的班级进行大学

英语课程的学习,以后再根据每学期或学年的成绩进行调整,鼓励学习成绩优秀的学生跳级学习"。该阶段测试评估方面的一个重要内容就是规定"各高校在完成基础阶段 1 到 4 级的教学任务之后必须安排考试,其中第 4 和第 6 级的考试结束后学生必须参加全国统一组织的标准化考试"。

1986 年综合性《大学英语教学大纲》出台后,全国统一水平测试——大学英语四、六级考试于 1987 年正式开始实施。其他语种也先后设计和组织了本语种的等级考试,目的是考查大学外语教学是否达到了《大学英语教学大纲》的教学目标。1990 年全国大学俄语四级考试开始施行,以考察全国的大学俄语教学质量。1993 年全国大学日语四级考试开始实施,考试对象为高校中以日语为第一外语的非日语专业本科生。大学德语和大学法语在这一时期还没有全国性的统考,对学生学习的考查主要以每学期的期中和期末考试的方式进行,考试基于所学教材内容考查学生的语法和词汇运用能力。

大学外语各语种的全国等级考试的形式为笔试,考试内容基本以语法和词汇知识为主,考试题型主要包括听力理解、阅读理解、词语用法与语法结构、完形填空和写作五部分,考试合格的学生可以获得教育部高教司发放的证书,证书分为两种,成绩达到 60 分的为及格,85 分及以上的为优秀。

四、六级考试为大学生英语水平的检测和评定提供了统一标准,也为用人单位衡量毕业生英语水平提供了重要的参考。但是,大学外语的全国统一测试也造成了应试教学的出现。

3.1.7.6 第六阶段(1994—1999 年):增加新主观题型和口语测试试点,外语等级考试规模越来越大

1999 年的《大学英语教学大纲》(1999 年修订本)规定"对学生的英语语言测试应主要考查学生的语言基础、语言应用能力",要求在"基础阶段各级的教学结束时应安排考试,命题应基于所学教材的内容",整个基础阶段的教学任务完成后应按基本要求和较高要求组织考试,考试形式既可以是全国统考也可以由各学校自己设计考试。

全国大学英语四、六级考试委员会在 1995 年和 1996 年分别发布通知,增加了新的考试题型,如英译汉、听写填空、简短回答问题和复合式听写等。从 1999 年开始,四、六级考委会还在部分城市(如上海、北京)实施口语考试,同时制定了对语言的准确性、连贯性、适切性等方面进行考查的一系列指标。此外,1996 年 11 月教育部开始对北京大学、复旦大学、清华大学和北京航空航天大学等全国八所重点高校进行大学英语教学改革试点,准许这八所学校自行设计本校的英语水平测试,全面考查学生的英语综合运用能力,为学生毕业求职和继续攻读研究生提供英语水平证明,并允许其他高校学生自愿参加。

继大学英语四、六级考试分别于 1987 年和 1989 年开始实施以来,大学外语其他语种也以此为参考先后设计了自己的课程测试体系,其他语种的全国性语言能力统一测试在这一阶段先后出台。

全国大学俄语四级统一考试于 1990 年开始实施,规模越来越大,考生人数从 1990 年的 5 000 人发展到 2000 年的 20 000 人左右,成为全国俄语界规模最大、影响最广同时也是最权威的全国统一性俄语水平测试。其难度较高,通过率低。

大学日语四级全国考试始于 1993 年,考试的对象为以第一外语为日语的非日语专业本科生,他们在完成一、二年级的大学日语课程学习后将参加该门考试。但实际上每年参加该门考试的考生有很多是以日语为第二外语的英语专业的学生,对这些零起点并且仅仅学习了 120 到 140 学时的考生来说,考试难度较大。

大学法语四级全国测试始于 1996 年,考试形式是标准化的笔试,第一次大学法语四级考试的参考人数仅有 348 人,后来规模逐渐扩大,到2003 年有 2 689 人(王守仁,2008:251)。

大学德语四级全国测试也于 1996 年开始实施。

除大学英语在 1999 年开始增加四、六级口语考试之外,其他语种的四级考试形式均为标准化笔试,客观题在全部题型中所占比例较大。

总之,全国大学外语四、六级考试对大学外语教学起到了很大的推动作用,它促使大学建立和完善了各语种的外语教学评估体系,但同时也对外语教学产生了一定的反拨作用,出现了应试教学的现象。此外,很多拿到四、六级外语考试证书的大学毕业生的实际外语应用能力无法满足社会实际工作的需求,这也导致了外语等级考试信度逐渐下降,给大学外语教学造成了一定的负面影响。

3.1.7.7 第七阶段(1999—2013年):大学外语教学改革——口语测试规模化

该阶段的大学英语四、六级考试负责部门发生了变化。原来由国家教委高教司外语处负责,现在变为教育部高教司来负责制定考试的方针政策,并由高教司任命的全国大学英语四、六级考试委员会来负责试题设计等具体工作。

在此阶段,参加四、六级考试的人数急剧上升。截至2007年,大学英语四、六级考试作为全世界规模最大的语言能力测试已有20年的发展历史。参加考试的人数从每年十余万迅速增长到每年逾千万,参加考试的院校也由300多所发展到上千所(蔡基刚,2005)。全国大学英语四、六级已发展为世界上参加人数最多的单科考试,其社会权重越来越大,在很多高校该成绩已经成为学生拿到毕业证的前提条件,同时也是社会单位聘用人才的重要考量标准。随着考试的社会风险的增大,应试教学现象也越来越普遍。

四、六级考试的负面影响开始出现。由于大学英语四、六级考试的通过率已经成为教育部衡量各校大学英语教学质量的重要依据,同时也纳入了各高校申报"211"工程学校的可量化考核标准,所以各校都极其重视四、六级考试的高通过率,并加大了对大学英语教学的投入。大学英语的应试教学现象不断扩大,这影响了学生学习外语的效果和积极性,导致了部分学生高分低能,很多学生英语的实际应用能力偏低。为此2005年出台了《全国大学英语四、六级考试改革方案》。在考试内容上将听力理解部分的分值从原来的20%提高到35%,同时增设了汉译英。试卷题型结构也发生了变化,原来主要是以客观选择题为主,改革后综合能力应用型试题比例增大,增设了主观题和口语题,听力题分值增加幅度较大。

除考试题型结构发生变化外,口语考点也增加了很多,并开始实施机考。自1999年开始试点实行四、六级口语考试,到2008年,已在全国36

个城市建立了 52 个考点。在考试形式上,根据高教司的部署,大学英语四、六级的网考于 2009 年开始试点实施,目的是加强对听力理解和综合能力的测试,以体现大学英语教学改革对学生英语交际能力的要求。除大学英语有四、六级考试增加了口语考试之外,其他各语种的测试只有四级考试,至今尚未实行考查学生实际口语能力的口语考试。

随着大学英语教学评估体系的改革和大学英语四、六级改革如火如荼地进行,其他语种也在这一时期对各自的评估方式和全国性统考进行了改革,以消除考试带来的应试教学等负面影响。新的大学俄语四级考试自 2004 年开始提高了听力题和翻译题的比重;该阶段的大学德语四级考试减少了阅读和语法词汇部分的分值,增加了翻译题目;新的大学日语四级考试也从 2004 年起开始减少知识性的考题并增加了新题型;2003 年在新的大学法语四级考试中加大了听力部分的比重,除原有的客观题之外还增加了听写题。可见该阶段的大学外语各语种的全国统考都体现了教学大纲中考查学生语言综合运用能力的要求。非英语大学外语四级考试中听力所占比重均有所上升,但考查重点仍然偏重阅读,对口语能力的考查尚未开始实施。

3.1.7.8　第八阶段(2013 年至今):标准化阶段

《英语类专业本科教学质量国家标准》对这一阶段的考试政策做了详尽的规定。此外《大学英语教学指南》的研制工作于 2014 年年底已经告一段落,它重新定位了大学英语课程,重构了大学英语课程目标体系。

该阶段的政策《上海市大学英语教学参考框架(试行)》对大学英语的测试和评估做了具体要求,并规定了具体可采用的评估形式。《框架》认为教学评价是教学活动中的一个重要环节,它既是教师获取教学反馈信息、改进教学方法、提高教学质量的依据,又是学生了解自己学习情况,调整学习策略,提高学习效率的有效手段。教学评价包括对学生的评价和对教学的评价。对学生的评价可采用形成性评估和终结性评估两种形式。

形成性评估是根据教学目标和能力标准对学生学习进行的过程性和发展性评估。在形成性评估中尤其要注意开发诊断性测试和个人学习进度报告,以便发现和记录学生在学习过程中的问题,给学生提出建设性意见。形成性评估不仅仅是考查学生的学习表现,更重要的是帮助他们达到《上海市大学英语教学参考框架(试行)》提出的能力目标。形成性评估要重点考核学生以团队合作为形式、以项目研究为核心的学习情况。即通过布置与课文主题相关的项目,要求学生结成小组从搜索和组织信息、归纳和综述文献到设计研究方法(如问卷、田野调查和小实验),最后用口头和书面形式汇报研究成果。在形成性评估中要重视学生的自评和相互之间的评估,如由全班同学或其他小组对某个同学或某个小组的研究成果汇报表现进行打分。

终结性评估是课程结束后的期末考试和综合评估。它应该是基于学生课程表现的学业成绩考试,而非学生无须经过课程学习的语言水平考试。而且,用同一张卷子来测试不同专业学生并不符合专门用途英语的教学理念。综合性成绩评定不仅要考虑某个学生的听、说、读、写综合能力的表现,还要考虑他们单项能力的提高幅度;不仅要考虑学生学术英语听、说、读、写这些可测试的量化语言能力,还要考虑他们在用英语开展研究时表现出来的团队沟通合作能力和批判性创新思维能力等这些难以量化的能力。无论采用哪种评估或测试方法,都要改变为评估而评估的传统观念,改变用水平考试来确定学生成绩的简单做法。评估的主要目的之一是要最大限度地调动学生继续学习的积极性和提升学生对自己学习能力的自信心。

对教学的评价不仅仅是学生对教师的教学水平和质量的评价,主要是教师对自己开设的课程的自评和对使用的教材的评估,还包括他们对课程目的的了解程度和帮助学生达到这个目的的情况的评估。课程评估包括课程开始前对学生的需求分析和课程结束后对学生的反馈调查以及对整个课程活动包括练习和考试的全面自评。通过这种教学评估来改进教学,提高教学质量。

可见这一阶段的评价除了终结性评估外更加突出了形成性评估,并强调评估的目的是调动学生外语学习的积极性和自信心。对于课程评估不仅注重课前的需求分析更加注重课后的反馈调查,主要目的是提高教学质量。

2014 年 10 月 19 日中国外语测评中心在北京外国语大学成立。中国外语测评中心的主要目标是研发系列外语考试,规范我国外语人才评价标准;开展外语教育测评研究,促进我国外语教育的改革与发展;向社会提供多层次的外语能力测评服务,满足各类用人单位在外语人才选拔方面的需求。

2014 年 12 月 20 日,英语工作能力考试正式发布。它是一个基于互联网理念、以工作任务为核心、采用通用英语和专业英语模块化组合设计的新一代英语考试。与其他英语考试不同,该考试还吸引了一些知名人力资源和测评专家共同参与,他们重新定义了英语在工作应用中的能力结构。从某种意义上来说,这个考试已经超越了单纯的英语语言考试。英语工作能力的模块化组合考试独树一帜,考试分为通用英语能力模块和专业用途英语能力模块。通用英语能力模块是必选考试项目,由复旦大学和人力资源专家牵头开发。专业用途英语能力模块(专业模块)为自选项目,该模块由专业领域领头院校领衔开发,如北大负责 IT 模块开发,对外经贸大学负责商务模块开发,中央财经大学负责财经模块开发,中国政法大学负责法律模块开发,考生可根据自身专业特点和职业方向自行选择适合自己的专业模块考试,这样既能兼顾不同考生的横向评估,也能实现专业领域的纵向评价,方便用人单位考评。英语工作能力考试不是以语言元素为出发点,其核心是工作任务,考查考生在工作环境中的理解、思维、沟通、计划、执行、管理六大能力。

英语工作能力考试是我国高校外语教学实现专门用途英语(ESP)转型的重要一步,它所产生的反拨作用,对外语教学满足国家外语能力要求和国际化战略需求,提高我国整体劳动力素质具有深刻的历史意义和现实意义(蔡基刚,2014)。它的设计思想是面向工作任务,直接面向应用。通过运用互联网技术,英语工作能力考试将能够让用人单位通过二维码或其他途径获取详尽的成绩分析,同时,还可以听到考生的英语口语作文,看到考生的英语写作,从而获得更直观的英语能力感受。

我国大学外语的评估主要采用的方式是终结性课程评估,即在完成某一个阶段的教学任务时,对学生的表现和能力所做的评估,主要关注学习的成果。大学英语四、六级考试的题型发生了变化,从原来的关注语法、阅读转向关注英语实际应用技能,增加了口语考试并加大了听力部分的比重。但是一段时间以来,大学英语四、六级考试的结果被过度使用,已经违背了最初测评的初衷。虽然我国教育部从未要求英语四、六级考试与学位挂钩,但是部分院校和用人单位在实际操作中却把四、六级证书和学位、工作等挂钩,导致了学习外语的应试现象,在一定程度上损伤了学生外语学习的积极性。教育部鼓励各学校采取更多的过程性评估,如通过学生的学习档案、访谈、自我评估、作业完成和课堂表现等多种途径对学生的学业表现进行评估,从而更客观全面地反映学生的真实语言水平。总之,我国目前的外语测评体系还有待完善。

此外,现行外语教育评价体系与外语教育目标、外语师资水平及其教学方法与外语教育目标还有不一致的地方。因此我们需要通过外语教育规划提高外语教育效率,把对外语考试内容的改革纳入外语教育政策的制定中来,必须使外语教育目标和外语考试目标保持一致,使应试教育成为应"国家教育目的"之教育(鲁子问,2004)。

2014年中国外语测评中心的成立和英语工作能力考试的正式发布让我们看到了大学英语考试正在逐步完善。2018年《中国英语能力等级量表》正式发布,标志着我国初步建立了国家外语能力标准框架,并在此基础上开始研制各个学段的英语教学标准。我国外语测评体系正在逐步完善。

3.2 我国现有的大学外语教育政策的宏观生态哲学分析

从我国外语教育政策的重要性来看,语言政策、语言规划和语言立法属于政府行为,是国家干预语言使用的主要手段,对国家的稳定、民族的团结、经济的发展都有重要影响。因此本章将运用生态哲学的理论和生态化世界观,研究我国现有的外语教育政策的发展。

3.2.1　生态哲学与外语教学的相关理论

生态哲学的研究对象是人态环境或系统,研究目标是通过人与人态环境之间的关系问题进行理性的思考。教育生态系统是一个由"人—教育—环境"构成的充满适应与发展、平衡与失衡、共生与竞争的矛盾运动的社会生态系统。教育生态系统是由宏观大系统和各种类型的微观子系统组成的。宏观生态是指教育生态的总体结构。微观生态是指学校内部的组织结构、师资结构、资金结构、课程结构、专业设置、教学结构、目标结构等,研究的重点是解决学校内部的管理问题,分析外部环境因素与校园生态的关系及其对教育的影响,探讨激发学生学习动机、培养品德的途径,研究领导与教师、教师与学生的关系,以提高教育质量。如果教育生态系统的信息流不顺畅,教育观念就难以更新,教学方式方法就难以变革(例如,现在的信息技术与大学外语教学整合的问题);如果教育发展的规模与速度、质量和数量不均衡,教育生态系统自身结构与功能就会失去平衡;如果教育的发展滞后于社会的发展,教育就跟不上社会的变化与进步,教育系统与社会之间就会产生冲突和矛盾。

3.2.2　中国外语教育政策的生态环境分析

3.2.2.1　外语教育的宏观生态

外语教育的生态发展离不开教育生态环境。所谓教育生态环境,是指以教育为中心,对教育的产生、存在和发展起着制约和调控作用的多元的空间环境系统。它不仅包括经济、科技、社会政治生活等一般意义上的教育环境,还包括教育系统内部的个体的生理和心理等内在的环境因素。教育的环境往往是自然因素、社会因素和文化因素(包括人的心理、生理因素等)相互交叉渗透、融会贯通的复合生态系统。

在教育大生态系统中,外语教育生态系统分布着网状的生态结构,生态系统内部以及生态链之间存在能量、物质和信息的流动。譬如:在外语教育管理方面,是从中央到地方各级教育行政机构和各个学校的综合流动;在课程生态方面,是外语课程与其他课程之间知识流的横向渗透与

竞争关系;基础教育外语语种的关系链,主要是英语与俄语或日语之间的
平行关系;课程的知识链,是从小学到中学、中学到大学的螺旋上升、由低
向高不断富集的过程;外语教育主体的生命链,主要是外语教师与学生之
间的关系。

从生态位角度看,外语教育生态系统在整个基础教育环境中,与其他
学科教育处于不同的生态位,它们之间存在相互依存的关系,但有时也会
出现相互竞争的局面,如外语课程与其他各个学科的比例、排位、课时分
配、课程设置的比重等,会存在某种竞争和排斥;在外语学科内部,英语、
俄语、日语之间处于同一生态位,不同语种之间也会存在竞争与排斥关
系。受教育外部环境的影响,外语课程和语种的生态位在不同时期宽度
不一样,发展的态势也不尽相同。

3.2.2.2 当代外语教育政策的生态分析——历时与共时分析

在一定程度上,教育方针是一个国家或政党社会政治、经济制度的表
现,并为国家的社会政治、经济建设服务。通过回顾外语教育的政策,梳
理我国不同历史时期的外语教育方针,可以了解外语教育的生存环境和
生存状况。本小节将采用历时与共时相结合方法,即从历时角度划分时
段,然后从共时角度评述某一阶段的具体情况,以便更好地把纵向的浏览
观察与考证和横向的归纳综合与分析结合起来。首先,我们来看一个
表格。

表 3-2 中国外语教育政策的生态化进程(张蔚磊,2011)

时 期	社 会 经 济	政 策	影 响
1949—1955	中华人民共和国成立初期,经济不发达	突出俄语,淡化英语	俄语人才过剩,英语师资流失
1956—1966	初步发展,要发展同世界各国人民的交往,学习各国先进经验	确立英语为第一外语,建立外国语学校,学习其他语种,收缩俄语,提出《外语教育七年规划纲要》	外语教育稳步发展,总结教训
1966—1976	经济破坏严重,停滞不前	取消外语教学	外语教育破坏严重

时　期	社　会　经　济	政　策	影　响
1976—1993	改革开放政策成功落实,经济复苏,开始对外经济技术合作	把外语设为必考科目,大、中、小学、业余教育都鼓励外语学习,发展其他语种,首次开展英语教师培训,首次开展英语教学学术讨论,成立了教材编审委员会	恢复了外语教育,促进了外语教育的发展
1993—	改革开放初见成效,经济快速发展,对外交流增长迅速,国际公司总部纷纷设在中国	1999 年《大学英语教学大纲》(1999 年修订本)颁布,大学英语课程改革开始,高度重视外语教育,2004 年《大学英语课程教学要求》(试行)和 2007 年《大学英语课程教学要求》重视听说交际能力培养	学生的听、说、读、写、译能力增强,外语教学朝着"国际化""正常化""生态化"方向稳步前进

其次,我们根据此表格进行外语教育生态的负反馈效应的分析。生态系统中普遍存在着正、负反馈。正反馈促进着某一成分的加速发展,负反馈则制约着它的进一步增加,二者分别构成生态系统中的互生规律和数量极限律。生态系统中负反馈的主要成因有:共同资源限制,相互干扰增强,自身维持代价变大和冗余变大。

第一,外语语种生态位摇摆不定。在 19 世纪中叶以后的近 100 年的时间里,英语、俄语和日语在我国基础教育中处于同一生态位,但英语一直处于优势地位。当某一外语语种被刻意选择时,它必然会引发同一生态位上的其他语种摇摆不定。中华人民共和国成立初期,国家在确定第一外语这个问题上先后做了两次大的选择和若干次调整。第一次选择是 20 世纪 50 年代初,当时把俄语作为第一外语,英语不被重视,英语教师大多改行,俄语师资来不及培养,满足不了各地学校的需要,结果是学生英语没有学好,俄语也没有学好。1964 年开始从政策上把英语正式确立为第一外语,把英语、俄语及其他语种的比例调整到 1∶1,并逐步调整到 2∶1,这就是第二次选择。强化英语教学使俄语与日语成了两个"小语种"。

第二,外语课程生态位上下起伏。扫描外语教育生态在教育系统中的生态位不难发现,中华人民共和国成立初期国家非常重视专业教育。相形之下,国家未能给予大学外语教育足够的重视,具体表现在外语的学科地位和课时设置等方面,例如,大学英语的课时在 20 世纪 50 年代是少于其他专业课时的。但是现在大学英语课时又大大多于其他专业课时,比如说,有的学校一周外语课时分为精读 4 节、听力 2 节、口语 2 节、阅读 2 节,总共就是 10 节。不仅课时安排不合理,而且课时利用率也不高。由于有四、六级考试的压力,等级考试的辅导时间大大占用了课堂英语时间。究其原因是外语等级证书是找工作的敲门砖,有没有四级证书甚至曾经直接关系到能否落户的问题。

第三,师资队伍生态结构多变。从 20 世纪 20 年代初期到 20 世纪 50 年代后期,俄语经历了从小语种上升到主流语种再到小语种的过程。外语政策的转变使得外语教师队伍的生态结构产生变化。一方面,俄语师资严重匮乏,需要投入大量的资金培训俄语人才;另一方面,大学、中学出现了英语教师大转业、大改行,大量富余的专业人员有的通过速成班短期培训后转岗教授俄语,有的被分流到其他岗位,还有的离开了教育队伍。

3.2.3 构建和谐生态,制定合理的外语教育政策

制定新的外语教育规划和外语教育政策,要优先考虑以下几个方面:

第一,政策制定的过程方面。事先做大量的全国范围的问卷调查,包括通过对大量专家、组织、个人进行调查;与用人单位、国企主管进行面谈;探讨为了满足国民经济、战略、社会、文化在下一个世纪发展,中国人应具备怎样的外语语言能力,在目前应采取何种战略计划和行动。

第二,政策制定的内容方面。把语言资源开发与利用同经济发展密切联系起来,把语言教育和语言学习同本国的地理位置及对外发展包括外交、外贸等结合起来,将外语教育问题提高到国家发展战略的高度。国家应确保英语的优先发展地位,同时兼顾多元化发展的方针。

第三,政策制定的方法方面。国家制定总的标准,各地方据此制定符合本地发展的标准和课程框架,为各学区各学校提供最佳的教学指导。各个学校要制定有校本特色的具体政策去执行。

第四,政策执行方面。确定国家外语发展战略,设立外语最高监督委员会,由党中央国务院负责协调各政府高层部门、国家机构、雇主等方面的工作,以确保国家外语发展战略顺利施行。

中国的高等教育面临"全球化"和"国际化"的趋势,外语教育也受到了前所未有的挑战。因此,应当从教育的生态位角度正确认识外语教育的地位和作用,从教育的发展规律出发,去规划外语教育发展战略。

3.3 我国各个时期的大学英语教育政策比较研究

3.3.1 大学英语教学大纲的定义

教学大纲指学校每门学科的教学纲要,其中包括教学目的、教学要求、教学内容以及讲授、实习、实验、作业的时数分配等。根据教学计划,以纲要形式规定一门课程的教学内容,包括这门课程的教学目的、任务、教学内容的范围、深度和结构、教学进度以及教学法上的基本要求等。

各级各类学校各门学科的教学大纲,一般分为:① 说明,揭示本学科的教学目的与要求、本学科教材的编选原则、教材的排列、教学中应注意的问题等;② 大纲,依据知识的逻辑体系和学生认识过程的规律,系统安排本学科教材的篇、章、节、目的标题,内容要点或课题,上课时数,实际作业(实验、练习、实习)的内容和时数以及其他教学活动的时数。有的教学大纲还包括参考书目、教学仪器、直观教具等方面的提示。列入教学大纲的教材的广度和深度,一般应是学生必须达到的最低标准。教学大纲是编写教科书和教师进行教学的主要依据,也是检查和评定学生学业成绩和衡量教师教学质量的重要标准。

由教育部颁布实施的《大学英语教学大纲》为全国本科院校在大学英语的教学目标、教学方法、教学测试与教学管理等方面提出了统一的要求。多年来,大学英语教学一直受《大学英语教学大纲》指导,无论是在教学水平、教材建设、课程设置、教学方法、教学环境、教师队伍,还是在教学规模、教学内容、教学观念、教学模式等各个方面都有了长足的进步与发展,取得了辉煌的成就。

3.3.2 大学英语教学大纲的发展

随着社会主义建设事业的发展,我国的高等教育事业经历了深刻的变革,发生了巨大的变化,《大学英语教学大纲》历经 50 年的发展,也变得越来越成熟和完善。

3.3.2.1 纵向时间序列分析——从"教学大纲"到"课程要求"

(1) 1962 年《英语教学大纲(试行草案)》

(2) 1980 年《公共英语教学大纲(理工科用)》

(3) 1985 年《大学英语教学大纲(高等学校理工科本科用)》

(4) 1986 年《大学英语教学大纲(高等学校文理科本科用)》

(5) 1999 年《大学英语教学大纲(修订本)》(高等学校本科用)

(6) 2004 年《大学英语课程教学要求(试行)》

(7) 2007 年《大学英语课程教学要求》

通过纵向分析发现很明显的一个特点就是名称上的变化,"教学大纲"变成"课程要求"。"教学大纲"是我国借鉴苏联教育模式而定的名称,以"课程要求"代替"教学大纲"表明了大学外语教学的新趋势。第一,课程价值从精英教育转向大众教育。对学科教学的内容、教学大纲做了统一的硬性的规定,缺乏弹性和选择性,不利于学生的全面发展。第二,课程要求着眼于学生素质的全面提高。教学大纲关注的是学生在知识和技能方面的要求,而课程要求着眼于未来社会对国民素质的要求。第三,从只关注教师教学转向关注课程实施过程。教学大纲顾名思义是各学科教学工作的纲领性文件,其关注的焦点是教师教学,缺乏对课程实施特别是学生学习过程的关注。第四,课程管理从刚性转向弹性。教学大纲对教学工作都做出了十分具体细致的规定,便于教师学习和直接运用,但是"刚"性太强,不利于教师创造性的发挥,没有给教材特色化和个性化发展留下足够的空间,无法适应全国不同地区的学校发展不平衡的状况。与之相比,国家课程要求对教学目标、教学内容、教学实施、评价及教材编写做出了一些指导和建议。但与教学大纲相比,这种影响是间接的、指导性的、弹性的,给教学与评价的选择余地和发挥空间都很大。同时,教学要求提出把实施三级管理政策作为重要目标,给地方和学校创造性地执行国家课程提供了政策保障。

3.3.2.2　横向同类比较分析

表3-3　各时期大学英语教学大纲对比表(张蔚磊,2011)

	1962年教学大纲	1980年教学大纲	1986年教学大纲	1999年教学大纲	2004年教学要求	2007年教学要求
词汇(个)	1 400		3 800—4 000,5 000—5 300	4 200,5 500	4 500,5 500,6 500	4 795,6 395
语法	强调基础语法结构		有提及		不再列出	
读	强调科技阅读能力	强调阅读能力	较强的阅读能力	较强的阅读能力,高于1986年教学大纲	培养读写能力	
写	无	适当的写	初步的写	一定的写		
听	无	适当的听	一定的听	一定的听	强调听说能力	
说	无	适当的说	初步的说	一定的说		
译	普通翻译	无	对理工科要求有译的能力	一定的译	培养翻译能力	
语言交际	无	语言操练	重视语言基础的教学,培养交际能力	提及用英语交流信息,并非语言交际	口头和书面的信息交流	
层次划分	无		两个层次:基础,较高		三个层次:一般,较高,更高	
文理划分	理科		文理科并用			
能力培养	基础语言知识,语法能力		阅读能力	阅读和读写能力	特别是听说能力,自主学习能力,综合应用能力	

续 表

	1962 年教学大纲	1980 年教学大纲	1986 年教学大纲	1999 年教学大纲	2004 年教学要求	2007 年教学要求
教学模式	教师面授,讲解课文、生词、语法		分级教学	课堂教学	计算机,多媒体	网络,信息技术,教学软件,多种资源
四、六级考试	无			1. 要求达到四级水平; 2. 全国统考	1. 未列入要求; 2. 取消对语法结构的单向测试,而加大听力测试的比例,阅读测试的比例也有加大; 3. 提出考试方法可以是全国统考,也可以是地区、校级联考,组织自考	
教材要求	全国统编教材		不同特色的分级英语教科书,提出不搞全国统编教材,强调教材要经过试用		立体化教材,网络教材	
典型教材;大纲特点	无		董亚芬的《大学英语》、上海交大的《大学核心英语》、清华大学的《新英语教程》	复旦、交大的《21世纪大学英语》、浙江大学的《新编大学英语》《大学英语全新版》《新视野》	无	
					个性化,协作化,模块化,超文本化	国际化,正常化,三级化,生态化

3.3.3 从生态视角对各个时期大学英语教学大纲的比较与分析

3.3.3.1 微观生态分析

上表把教学要求、教学目的、教学模式、课程设置等几个大方面细化为 15 个小的方面,对六个时期的大纲做了对比,可以详细地从微观生态学的角度了解大纲的内容变化发展,比较各时期大纲的异同。

生态系统是指各种生命现象之间在生存过程中相互竞争、相互作用、相互依存,形成健康有序的状态。"生态位"指每个生物单位在长期的生存竞争中都拥有一个最适合自身生存的时空位置,一个生物在群落和生态系统中的时空位置和状况决定了它的形态适应、生理反应和特有的行为。

纵观上表,可以看出在大学英语教学大纲的内容中,总的生态结构和发展趋势是好的,但是有些内容出现了生态位摇摆不定和上下起伏的状况。

首先,从新旧大纲颁布的时间间隔上来看,分别为:18 年(包括 1966—1976 年)、6 年、13 年、5 年、3 年。可以看出间隔是不均匀的,说明我国政府没有有规律地对我国大学外语教学这一块做定期的检查与维护。当然这与当时的经济发展、社会变化以及政策的重点是密切相关的。

其次,从听、说、读、写、译的分布上来看,1962 年、1980 年、1986 年教学大纲过分强调了读而忽视了听、说、写和译。1999 年、2004 年、2007 年教学大纲在强调听和说的同时没有忽视读写译。我们要培养的人才应该是全面的人才,而不是只会听说,或者只会读写的人才。

再次,从大纲的用途上看,1980 年教学大纲及以前的大纲是理工科专用的,1986 年开始就是文理科并用的,这在更深的层次上是生态位的变化,是观念的变化,从"过分重视理工科,忽视文科"到"文理并重"。另外,在四、六级考试这一栏中,我们也可以看到,出现了生态位从无到有和生态位的转移转换。1962 年、1980 年、1986 年的教学大纲没有对等级考试的要求,1999 年的教学大纲明确要求通过四级全国统考。2004 年、2007 年的教学要求取消了四级统考的要求,提出了考试可以实行地区联考或组织自考等。此外,教材的编纂,从全国统一教材到分地区、分级教材、多种教材林立,再到网络立体化教材等,也是生态合理化的表现。

总的来说,我国大学英语教学的趋势是好的,是符合生态化发展的。譬如:词汇的发展是循序渐进的,由少到多;语法从显性的规定逐步过渡到隐性规定;语言交际和层次划分从无到有,从粗到细;能力培养渐进式发展,由"基础的语言能力"逐步发展为"综合应用能力";教学模式,由单一的课堂面授到多种资源的充分利用。同时又做到了具体问题具体分析,因时因地制宜。

这一系列的变化是和国家的经济发展、对外贸易往来等分不开的。下面笔者就从宏观生态的角度进行剖析。

3.3.3.2 宏观生态分析

通过进一步分析此表的宏观生态,我们可以了解各时期的教学大纲与当时的经济发展状况的关系,探索大学英语教学逐步走向成熟的过程。笔者将从几个方面来分析国家的发展对大学英语教学发展的影响。

1) 开放型大学 VS 大学英语教育

自改革开放政策施行以来,我们的许多大学已形成了一个开放办学的局面,这种开放式的办学局面对我国大学英语教学改革有着巨大的推动作用。大学英语教学多年来的改革也是在吸收了国外成功的经验并结合我国的具体情况后进行的。

2) 教育体制改革 VS 大学英语教学

首先,为了适应经济体制、政治体制改革的需要,我们对国务院各部门办的大学进行了重大调整,一部分划转为教育部部属院校,大部分划转给各省、自治区、直辖市实行共建,以地方管理为主。这在我国大学英语教学大纲上的体现也是非常明显的,在"层次划分"上,从 1980 年《公共英语教学大纲(理工科用)》的没有层次划分,到 1986 年《大学英语教学大纲(高等学校文理科本科用)》、1999 年《大学英语教学大纲》的两个层次的划分,再到 2004 年《大学英语课程教学要求(修订本)》、2007 年《大学英语课程教学要求》的三个层次的划分。我国大学英语教学已经开始施行国家、地区、校本的"三级管理"了。其次,"质量工程"提出要坚持人文教育与科学教育相融合的理念,使一部分有条件的学校、学科更加综合,改变过去我国大学基本上是科类单一的教学的状况,实现文理交叉、多学科交叉。相应的,大学英语教学大纲也有了明显的变化,1962 年的《英语教学大纲(试行草案)》、1980 年的《公共英语教学大纲(理工科用)》是专门针对理工科的。而从 1986 年的《大学英语教学大纲(高等学校文理科本科用)》开始,就文理并用了。究其原因,是因为从 1978 年至 1984 年大学的培养目标为培养德、智、体全面发展的高级工程技术人才,而从 1984 年开始,大学的培养目标改为:拓宽专业口径,调整知识结构,强调产学结合,培养具有创新精神的复合型人才。

3) 办学规模 VS 大学公共英语教育

21 世纪之交,我国兴起了高校合并浪潮,合并后的高校办学规模迅速扩大。从 1998—2000 年连续三年大调整,将 556 所高校合并调整为 232 所,同时调整了 509 所高校的管理体制。从 1999—2001 年连续三年的大扩招,使普通高校一年的招生数,由 1999 年的 108 万扩招至 2002 年的 268 万,即扩大了 2.5 倍,在校生也在三年内翻了一番。之后,从 2003—2005 年,又经历了一个连续三年的持续发展。短短六年间,我国高等教育的规模实现了跨越式发展,毛入学率由原来的 9.8% 提高到现在的 19%,标志着我国高等教育已经进入了大众化的发展阶段(毛入学率已大于 15%)。

这就造成了入学需求与资源限制的矛盾,体现在大学公共外语教学上尤为突出:英语教师数量极为不足,硬件设施跟不上,导致教学质量在一定程度上下降。随着大学扩招,大学外语教学任务加重,因此,2004 年《大学英语课程教学要求(试行)》提出运用网络等现代信息技术教学手段,实施现代远程教育工程,形成开放式的教育网络。这些举措无形地增加了学校的办学容量,解决了一部分教学难题。

4) 办学思想的转变 VS 大学英语教学

1978 年开始的改革开放,为高等教育的思想转变提供了历史性机遇。中国高等教育学会高等教育学专业委员会顾问杨德广教授认为,30 多年来,中国高等教育办学方式发生了八个方面的转变:从国有化的办学体制向一主多元的办学体制转变,从条块分割的领导体制向中央和省两级领导体制转变,从高度集权的管理体制向学校依法自主办学转变,从单一的投资体制向多渠道筹资转变,从以知识为本、以教师为中心向以人为本、以学生为中心转变,从统招统分的招生就业制度向面向市场的招生就业制度转变,从封闭的本土化教育向开放的国际化教育转变,从大学办社会的后勤管理体制向社会办大学的后勤管理体制转变。

在大学外语教学上主要体现为分级教学、教学要求的层次划分、"三级教学管理模式"、以学生为中心的教学方法、国际化教学理念等的实施。

这些在 2007 年《大学英语课程教学要求》里均有体现。

综上分析，大学英语教学大纲的发展虽然有不尽如人意的地方，但是总体来说还是与时俱进的，我们在制定新的大纲和要求时要遵循教育生态规律，循序渐进，全面推进，这样才能逐步建立现代化的大学英语教育新体制。同时要用整体的、系统的、动态的教育生态学理论去思考并设计我们的外语教育环境，使得课程计划、目标/手段说明、计划执行和课堂教学成为一个良性互动的生态系统，达到大学外语教育环境的有效的"生态化"状态。

本节旨在介绍中华人民共和国成立以来我国大学英语教学大纲的发展脉络，对每一个时期的大学英语教学大纲的目的、要求等做了详尽的叙述，采取纵向时间序列分析与横向同类比较分析相结合的方法来进行研究，从中发现大学英语教学大纲的发展轨迹以便教师能更好地把握大学英语教学的方向。

第 4 章　大学外语教育政策
研究模型的构建

4.1 教育政策的研究框架

　　教育政策从制定到实施是一个过程,包括政策问题确认、政策制定、政策执行、政策评估、政策变更等政策周期。政策文本只是政策的一种表现形式。同时,教育政策是一个复杂系统,它与教育外部政策以及其他教育内部政策相互影响和牵制。

　　要研究政策的实施情况就要充分了解政策科学中的关键环节,即政策评估。要在政策评估系统框架下研究政策实施的各个环节。张乐天教授认为,教育政策评估是"依据一定的评价标准,对教育政策运行的全过程进行系统的综合的分析与判断,总结政策运行的成绩和经验,揭示存在的问题与不足,从而为修订和完善教育政策,并为实现教育政策的更良性运行服务。"

　　根据教育政策学的观点,之所以要对政策进行评估,是因为政策作为一种准则,规范和影响着相关群体的行为,政策的实施必然要产生一定的后果。从政策制定者角度出发,他们要了解政策的效果是否达到了预期的制定目标;从被影响的目标群体角度出发,他们也想知道制定的政策是否合理,是否解决了他们的诉求,是否促进了社会公平。这些都使政策评估成为必要。这种关注效果的政策评估,强调的是政策实施的效率和政策目标的实现程度。美国学者 Thomas R. Dye 提出了"政策效用"概念。政策效用就是政策对现实世界产生的所有效果,包括对目标群体或现状的作用、对目标群体或状况以外的溢出效应、对未来情况的作用、直接和间接成本(含机会成本)。也有学者认为政策评估可以从政策成本、政策需求、政策效益、政策过程、政策影响、政策价值六方面进行评估(宁骚,2003)。评估的类型包括政策执行评估、政策影响评估、经济效益分析和推测评估。本书将聚焦于外语教育政策的执行评估。

教育政策评估作为教育评估的一个重要组成部分,可以界定为在一定的教育政策环境下按照一定的标准和程序,对教育政策问题的确认、政策制定、执行、评估与变更的过程和效果及其影响因素进行的事实判断和价值判断,是一个贯穿教育政策周期的动态发展的活动过程。教育政策评估是由评估主体、评估对象、评估方法、评估标准构成的完整的系统。

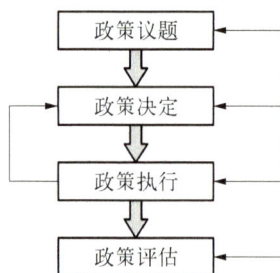

图 4-1 教育政策流程图

政策评估是政策动态运行过程不可缺少的环节,下图展示了教育政策的基本流程,即从政策议题到政策决定到政策执行再到政策评估。执行过程中不断反馈的信息将对政策目标和政策内容提出应当调节的要求;政策过程中的不断评估和终结评估会对政策议题、政策内容和政策执行提出较大的甚至是根本性的修订要求(袁振国,2001)。

这样看来,政策的颁布只是政策过程的开始,政策颁布以后,需要根据不断的反馈和评估的结果进行调整,因此,教育政策评估不仅是教育政策过程的一个必不可少的环节,而且应贯穿于教育政策的全过程。只有通过政策评估,才能对政策目标是否完成、政策是否应该继续执行、修改或终结做出正确判断。尤其是我国社会正处于具有重要历史意义的社会转型期,教育政策需要根据社会、政治、经济、文化发展的新的现实和教育的发展变化及时进行调整,才能保证自身的合理性,有效引领和指导教育改革。

从信息论的角度看,教育政策从制定到执行,整个过程实际上是一个信息流的过程,并且有一个完整的回路。教育政策执行前、执行中和执行后评估就是建立信息回路的一项制度安排,见下图。

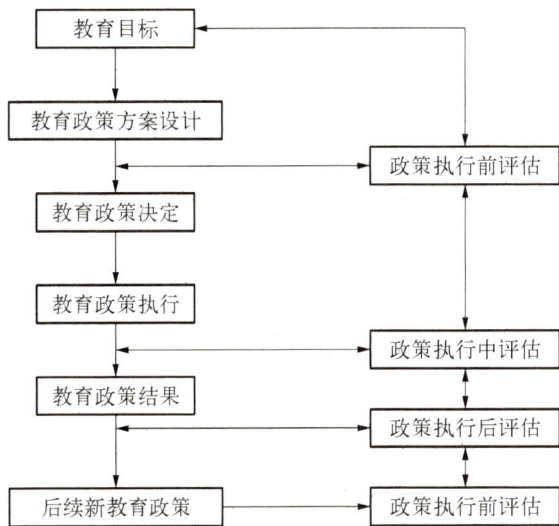

图 4 - 2   教育政策信息流(孔志峰,2006)

通过教育政策全过程评估的信息反馈,不仅能对某一教育政策本身的价值作出判定,从而决定这项政策的延续、改进或终结,而且能够对政策过程的不同阶段进行考察和分析,及时发现潜在的问题,并通过信息回路传输到决策系统,从而能及时纠正教育政策的偏差,避免制度缺陷,为以后的政策实践提供参考和借鉴。

4.2   大学外语教育政策研究框架的构建

大学外语教育政策评估就是评估主体依据一定的标准,通过相关的评估程序考察政策过程的各个阶段、各个环节,对政策产出和政策影响进行检测和评价。本书针对外语教育政策实施情况的研究将采用基于目标的评估模式(包括需求、过程、效果和影响四方面的内容)并聚焦于政策内容的执行与效果的评估。

4.2.1 大学外语教育政策研究框架的理论依据

4.2.1.1 政策研究模式的选取——以经典政策研究模型为基础

根据本研究的对象,笔者从众多政策研究模型中选取 CIPP 模型。CIPP 模型是决策取向评估模型中的经典,它是由美国学者 D. L. Stufflebeam 1967 年在对泰勒行为目标模式反思的基础上提出来的。CIPP 评估模型由四项评估活动的首个字母组成,背景评估(Context evaluation)、输入评估(Input evaluation)、过程评估(Process evaluation)、成果评估(Product evaluation),简称 CIPP 评估模型。这四种评价为决策的不同方面提供信息,所以,CIPP 模型亦称决策导向型评价模型。CIPP 模型不仅突出了评价的发展性功能,而且还整合了诊断性评价、形成性评价和终结性评价,是教育评价史上的飞跃(赵玮,2006)。

Stufflebeam(1996)认为:"评价是提供有用资料以作决定的过程"。而对于一项大学英语教学政策的执行而言,则大致需要四种决定:一是规划性决定,即确定外语教育政策方案的目标,即培养目标;二是结构性决定,即修改政策方案或比较政策方案的优劣的决定;三是实施性决定,即决定外语教育政策方案的具体实施;四是考核性决定,即判断方案最终实施的结果。对应四种决定,存在四种政策方案评价,即背景评估、输入评估、过程评估、成果评估。背景评估是指对政策方案出台的背景及政策方案目标确定的依据的分析和评价,政策方案的目标是否充分反映了这些问题等。输入评估是指对几种备选政策方案加以分析、评价,以选出最佳的政策方案的活动(这项评价不在本次研究范围之内),如有哪些政策方案,哪种政策方案更加经济、有效,符合目标要求,如何实施这一方案等。过程评估是指对所确定的政策方案实施过程的评价(这是本次研究的重点),如方案的进度如何,方案中的各个组成部分是否按计划实施,是否需要修正,经费支出情况如何等。成果评估是指对政策方案的实施结果所进行的评价。成果评估的目的在于评价政策方案的实施效果,从而判断方案是否达到了预期目标,并决定是否继续、中止或修正。

CIPP 模式把过程改良视为评价的主要任务,具有很强的实践性、系统性和可操作性,因而在教育实践中广受欢迎。随着我国教育事业的发展,CIPP 模型在教育领域中得到了广泛的应用,很多学者从不同的角度采用了 CIPP 模型,其中较为典型的应用是蒋国勇的《基于 CIPP 的高等教育评价的理论与实践》、简晏红的《运用 CIPP 模式对我国研究生奖助学金制度的评价》、李景奇的《基于 CIPP 模式的网络学习跟踪与评价系统设计》和吴飞的《CIPP 模式在高校课程评价中的运用》等,可见 CIPP 模型在教育领域中具有一定的应用价值。

4. 2. 1. 2　教育语言研究分析框架——借鉴语言政策理论分析框架

教育语言规划是指语言学习、语言普及方面的规划以及在教育体系中对语言(包括本族语、官方语言和外语)的具体规划和安排。它涉及的是语言的学习层面。根据 Kaplan & Baldauf(2003)的语言教育政策框架,教育语言规划在形式上体现为教育语言政策的发展,包括:① 语言准入政策(access policy);② 师资政策(personnel policy);③ 课程政策(curriculum policy);④ 方法和内容政策(method and materials policy);⑤ 资源支持政策(resourcing policy);⑥ 公共政策(community policy);⑦ 评估政策(evaluation policy)。教育语言规划在功能上体现为对学习的规划,包括语言的再习得、语言的维护与保持、外语或二语的转换等。

其中,语言准入政策指通过正规的教育使某一群体学习某一语言的政策。在以英语为外语进行教育的背景下,语言准入政策指英语在整个课程安排中的地位和权重。师资政策指把语言政策转化成教育行为过程中所要配备的人力资源,如英语教师和他们的专业发展问题。方法和内容政策指语言教学方法手段(如交际语言教学法)和教与学的资源(如教科书和网络学习资源等)。资源支持政策包括财力资源的分配、学校中组织教与学活动的基础设施等。公共政策是指通过对资源的战略性运用以协调语言教育活动及相互关系的一系列政策。评估政策是对某一语言政策的设计、执行和实施效果等的评估。

教育语言规划这一概念的最早提出者是 Cooper。他在自己的"八问方案"(Cooper,1989)基础上首次将语言的教育规划或语言习得规划引进语言规划领域。此后,Fettes(2003:37)对教育语言规划的影响因素又作了分析。Kaplan & Baldauf(2003,2005)对教育语言规划做了详尽的研究和阐述,构建了专门的研究框架,即七大内容。本书将把这七大内容融入外语教育政策研究框架中的政策方案环节。

4.2.1.3　大学外语教育政策研究框架的构建

决策取向评估模型是围绕政策的计划、执行、结果来评估,它是为决策提供有价值的对策、最大限度地发挥其成效的一种评估模型,因此,本书以决策取向评估模型中的经典模型 CIPP 模型作为基础,结合语言政策与规划理论中的经典教育语言分析框架,根据我国的大学外语教育政策发展的脉络,联系我国大学外语教育的实际情况,构建大学外语教育政策研究模型。如下图。

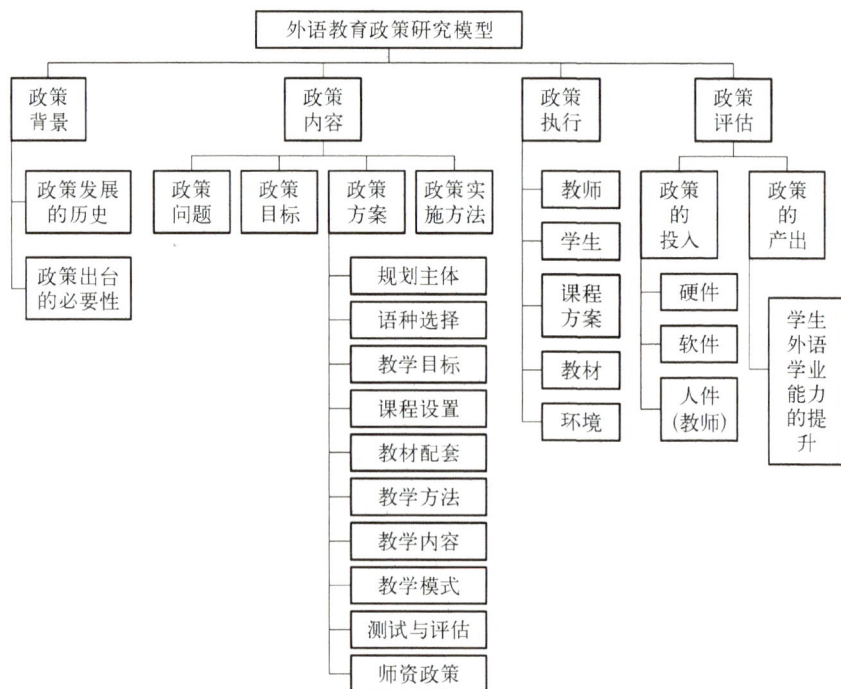

图 4－3　外语教育政策研究模型

研究模型的说明：本模型是在 CIPP 模型的基础上构建的，所以具备 CIPP 模型的一些显著特点，尤其是它的全程性、过程性和反馈性特点。本研究模型共包括四大部分：政策背景、政策内容、政策执行和政策评估。

4.2.2　大学外语教育政策背景研究

外语教育政策背景研究是指对该政策方案出台的背景及政策方案目标确定的依据的分析和评价。以《上海市大学英语教学参考框架（试行）》为例，即要分析该政策出台的必要性，分析在该政策出台之前我国的大学英语教学中存在哪些问题，哪些问题是亟须解决的，用哪些办法可以解决，解决这些问题存在哪些困难，政策方案的目标是否充分反映了这些问题等。

4.2.3　大学外语教育政策内容研究

大学外语教育政策的内容研究主要指对政策方案中的十个环节的文本分析和实证调查研究。这些环节包括：规划主体、语种选择、教学目标、课程设置、教材、教学方法、教学内容、教学模式、测试、教师政策。文本分析主要是分析这十个环节是否能够达到政策方案的目的。实证调查研究主要是通过对教师、学生、领导等的问卷调查和访谈以及课堂观察等方式搜集以上十个方面的数据，以检验该政策方案在实际教学过程中的落实程度和实施效果。结合教育政策有关理论和我国大学外语教育的六大要素（戴炜栋，2008），笔者构建了大学外语教育政策的内容研究模型（如图 4-4）。

4.2.4　大学外语教育政策实施研究

大学外语教育政策实施研究主要通过实证调查来进行，通过对教师、学生、领导等的问卷调查和访谈以及课堂观察等方式研究该政策方案在教师和学生之间的实施情况，包括：教师和学生之间就课程方案的互动，如课堂教学、课后辅导与交流等；教师与政策方案的互动，如备课、批改作

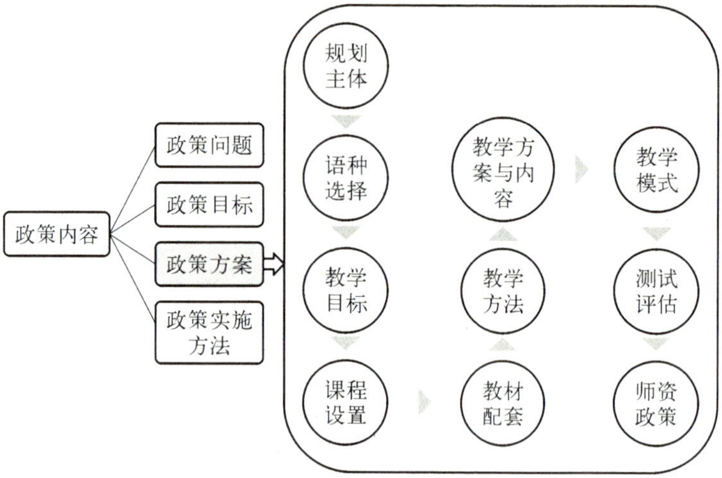

图 4-4 大学外语教育政策的内容研究模型

业、课后反思等;学生与政策方案的互动,如预习、复习、做课后作业(指定/自主)、参加课外学科辅导班等。根据外语教学的三大要素(教师、学生和课程),笔者构建了大学外语教育政策的实施研究模型,如下图。

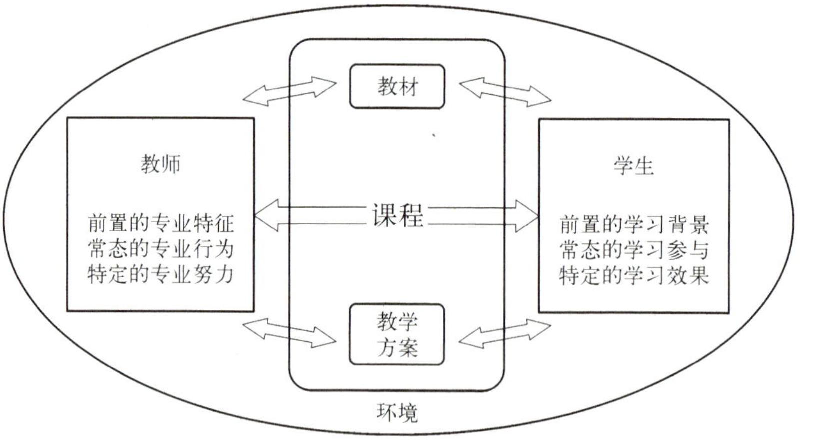

图 4-5 大学外语教育政策的实施研究模型

4.2.5 大学外语教育政策评估研究

根据政策评估的基本流程、绩效评估理论中的投入和产出要求以及外语教育目标,笔者建立了大学外语教育政策评估研究模型。大学外语教育政策评估是指对政策方案的实施结果所进行的评价。评价的目的在于评价政策方案的实施效果,从而判断方案是否达到了预期目标,并决定是否继续、中止或修正课程政策。政策评估环节会对之前的三个环节起到反馈指导的作用。政策的需求评估可以对政策出台的必要性进行反馈,政策实施评估可以对政策执行进行反馈,政策影响评估可以对政策内容进行反馈。整个政策研究模型中的四个部分是不可分割、紧密联系、相互作用的。

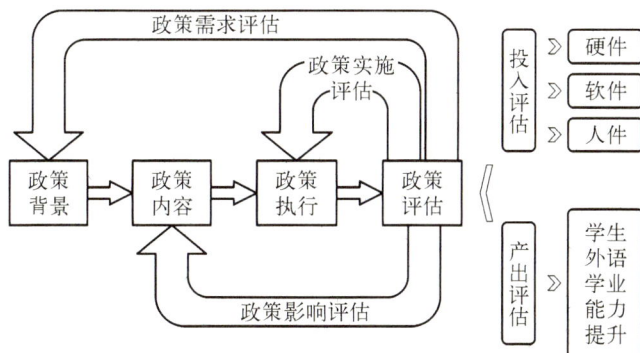

图 4 - 6　大学外语教育政策评估研究模型

　　成果评价包括投入评估和产出评估。投入评估主要指这项外语教学政策在硬件、软件和师资上的投入。产出评估主要指该项外语政策实施后学生外语学业能力提高的状况。需要专门设计相关量表和评估指标体系。由于外语教育投入不易量化,外语教育的产出需要若干年后学生在工作中使用才能显现成效。所以本书中的政策评估主要是通过学生和教师的问卷反馈获得。

第 5 章　《上海市大学英语教学参考框架（试行）》研究

本章将结合上一章节所构建的大学外语教育政策分析框架和模型进行实证研究。

（1）政策简介。《上海市大学英语教学参考框架（试行）》（以下简称"《参考框架》"）是国内第一份以学术英语为定位的大学英语教学指导性文件。它是上海各高校组织非英语专业本科生英语教学的主要依据。其目标是培养具有国际视野、通晓专业领域内国际规则并能用英语直接参与国际交流的专业人才。《参考框架》由上海市大学英语教学指导委员会起草，2013年年初获得上海市教委的批准，在26所高校开展专门用途英语教学的试点改革，到目前为止改革已经进行了六年多。

（2）政策出台过程。"上海市教委〔2012〕55号"关于上海市高校大学英语教学指导委员会的主要任务之一是"制订大学英语课程教学的指导性要求或参考大纲，协助市教委对教学质量进行监督和评估，推动高校大学英语教学改革"。为贯彻这一精神，上海高校大学英语教学指导委员会（以下简称"委员会"）从2012年7月起开始了《参考框架》的起草工作。在起草过程中，委员会讨论了上海市经济、社会发展和高等教育国际化形势，对上海24所不同类型高校的学生英语水平和学习需求进行了调查,查阅了国内近 20 个学科(如计算机、化学、自动化等)的专业规范或教学大纲对学生的外语能力要求,参考了香港地区六所主要高校,日本东京大学、京都大学、早稻田大学、庆应义塾大学,中国台湾成功大学,中国内地的宁波诺丁汉大学和清华大学等高校的大学英语课程设置。《参考框架》征求意见稿形成后,通过电子邮件、召开座谈会和走访专家等形式,广泛征求了外语界专家,其中包括长期从事专门用途英语研究和教学的国际专家和学者的意见和建议⑥。

5.1 《参考框架》的制定背景分析

5.1.1 学科发展背景

2010 年 12 月颁布的《上海市中长期教育改革和发展规划纲要(2010—2020 年)》(以下简称"《上海纲要》")指出:上海将不断增强城市的综合竞争力和国际竞争力,到 2020 年基本建成国际经济、国际金融、国际贸易、国际航运"四个中心"和社会主义现代化国际大都市。为了达到这一目标,《上海纲要》对高等教育提出两大任务:① 推进教育国际化,扩大教育对外开放,大力培养国际化人才,提升上海教育国际化水平;② 增强学生国际交往和竞争能力,培养具有国际视野、知晓国际规则并能参与国际交流的国际化人才。这两大任务促进了上海高等教育国际化的程度,如:包括上海纽约大学等六所中外合办大学的建成;15 万国际留学生就读上海高校;复旦大学要求本科生在四年专业学习中至少要选修一门全英语课程,并有一个学期在境外大学游学的经历;同济大学在 2012 年上半年开设的全英语课程达到 256 门,并规定每年将引进 100 名国外学者进行至少一个学期的授课;上海交通大学在 2012 年暑假小学期内,集中邀请 70 多位国外一流大学

---

⑥ 具体内容参见《上海市大学英语教学参考框架(试行)》2013 年版。

的教授给学生上课。

这意味着上海的大学生将越来越多地被要求用英语作为工具来进行专业学习。从 2012 年 9 月到 12 月上海高校大学英语教学指导委员会进行的系列调查结果充分证实了这一观点。委员会对 7 260 名新生进行问卷调查的结果表明,有近 80％的新生选择将英语作为"用来汲取和交流专业信息的工具,增强自己在专业领域内的国际交往能力",并有超过 60％的新生将大学英语学习目标定位在"能提高用英语从事自己专业学习的能力(如用英语查找和阅读专业文献的能力,听专业讲座的能力,陈述和演示科研成果的能力)";大部分新生希望用英语进行本专业文献阅读(有意愿或意愿强烈的人数比例超过 83％),希望有机会出国交流或深造(有意愿或意愿强烈的占 85％)。

同样,在委员会对本科三、四年级的 3 251 名学生和 202 位学科专业教师进行的学术英语需求调查(1—5 等级量表,1 为最不需要,5 为最需要)中发现,师生均认同当代大学生在专业学习中对英语的迫切需求,如用英语听专业课程及讲座(学生均值 3.70,教师均值 3.88),用英语作学术口头陈述及学术交流(学生均值 3.17,教师均值 3.55),用英语阅读专业文献(学生均值 3.82,教师均值 4.10),用英语撰写文献综述、摘要、报告或小论文(学生均值 3.52,教师均值 3.76),需要出国游学或留学的(学生均值 3.53,教师均值 4.13)。这些数据显示上海大学生和学科专业教师都希望大学英语能真正"学以致用",为本专业学习创造更有利条件和更多机会。因此他们认为:随着新生英语水平的不断提高和高等教育国际化,大学英语应调整其通用英语教学的定位(学生均值 3.90,教师均值 3.94),要培养大学生用英语进行专业学习和研究的语言能力(学生均值 3.78,教师均值 3.77)(蔡基刚,2012)。

5.1.2 社会发展背景

高校的一个非常重要的使命就是为国家和当地的经济和社会发展培养人才。但根据中国社会科学院发布的人才蓝皮书《中国人才发展报告(2010)》来看,我国高校目前普遍存在的主要问题就是人才培养机制与社

会需求脱节。进入 21 世纪,上海的经济全球化特征越来越明显。截至
2017 年 9 月底,外商累计在沪设立总部机构 610 家、外资研发中心达 416
家(《解放日报》2017 年 9 月 21 日)。另据我国商务部的统计,我国非金
融类企业对外直接投资额呈现持续增长态势,从 2003 年的 28.5 亿美元
上升到 2017 年的 1 200.8 亿美元,增长了 43 倍(央视《经济半小时》2018
年 1 月 16 日),上海排在省、自治区和直辖市的第 5 名。也就是说,无论
是引进来还是走出去,上海市用人单位越来越要求大学毕业生一上岗就
能用英语承担起与自己专业相关的工作。但是,我国对涉外专业技术人
才需求很大,供不应求,涉外金融、涉外律师、涉外工程技术人员的缺口达
千万(2017 年《中国人才发展报告(No.4)》)。可见,尽管上海高校的大学
英语教学取得了很大的成绩,但是离上海社会经济发展的需要还有相当
大的距离。

"我国是一个外语学习大国,但是国家所拥有的外语能力却远远不能
满足国家发展之需"(李宇明,2012:367)。问题是在定位上。从 21 世纪
起,我国开始从"本土型国家"转变为"国际型国家",外语教学目的也随之
发生了根本性变化。在本土型国家中,外语并无外在需求,学习外语的主
要目的是打语言基础,阅读和欣赏西方文学文化作品,提高自身修养,因
此外语教学具有鲜明的"向己型"特征。但在国际型国家中,学习外语不
仅仅是提高自身素质或修炼听、说、读、写扎实的基本功,更重要的是培养
一种学术英语能力和行业英语能力,以适应通过使用英语直接从事专业
学习或今后工作的国际交往的需求,适应国家对人才培养的战略需求,因
此外语教学必须具有"向他型"特征,大学英语教学内容必须重组,要由通
用英语向专门用途英语转移。

5.1.3 课程发展背景

一方面,高等教育国际化需要大学生能用英语从事专业学习,社会经
济发展需要具有国际交往和国际竞争能力的工程师;但另一方面,大学英
语课程还是止步于打基础性质的通用英语教学,不愿甚至不屑于为学生
的专业服务。这种情况造成两个后果:

第一,重复中小学通用英语教学必然造成大学生对英语学习的懈怠和大学英语课程的不满。于海等(2008)受上海市教委委托对上海市 12 所高等院校(部属 3 所、市属 9 所)的 1 615 名大学生进行抽样调查,发现学生反映自己外语能力提高最不理想,排在 10 项能力的最后。受调查的学生认为自己的外语能力有很大提高的仅为 11.3%,有一定提高的为 45%,没有提高的为 23.6%,反而下降的达到 20%。

第二,由于定位在打基础,帮助学生达到大学英语四级或六级的英语能力,因此,随着上海高校新生英语水平的不断提高,大学英语教学将趋于萎缩。如复旦大学和上海交通大学的大学英语课程分别被压缩到了 8 和 6 个学分,同济大学规定新生中英语水平最好的近百名学生可以免修所有大学英语课程。还有些高校的大学英语开始转向"大学外语",即学生可用大学英语学分学习日语、法语等第二外语,还有些高校的大学英语开始和英语专业打通,为非英语专业学生大量开设英美文学文化课程。这说明,在高中英语教学水平不断提高、经济全球化和高等教育国际化背景下,在高校还采用和高中一样的通用英语教学既不符合外语教学规律,也不符合我国大学生的专业学习和毕业后的工作需求,更不符合国家对人才培养的战略要求。

5.2 《参考框架》的内容研究

5.2.1 政策问题分析

《参考框架》具有明确的问题意识,它要解决的问题就是现有人才外语水平滞后于上海市经济发展对人才外语水平的要求。这一点我们从上一个小节对《参考框架》制定的背景分析中可以看出。

5.2.2 政策目标分析

《参考框架》的目标是:"为适应上海市社会和经济发展的需要,培养具有国际视野、通晓专业领域内国际规则并能用英语直接参与国际交流的专业人才"⑦。这一目标的制定有一定的理论和实践依据。

第一,《参考框架》符合课程需求分析理论。根据现代语言教学大纲设计原则,语言教学大纲设计者必须回答四个关键问题(Breen,1987):① 大纲设计的理论基础是什么? ② 传授的核心知识与培养的核心能力构成是什么? ③ 教学内容的标准和分类是什么? ④ 如何科学合理安排教学内容的顺序? Tyle 等(2008)则提出了课程设计环理论(curriculum loop),即 Needs → Aims and Objectives → Content → Organization → Evaluation。可见,大纲的制订必须依据对教学的主体对象——学习者进行学习需求分析。Dudley-Evans & St. John(1998)把学习者的需求细分为职业需求、交际需求、语言需求和学习者需求,并专门阐述了学习者各种需求及其相互之间的关系。如:① 学习者用所学语言去完成的任务和活动;② 学习者当前的语言水平;③ 学习者现有水平和所需要达到的水平之间的差距;④ 学习者在目标交际活动中要正确使用的语言和技巧方法;⑤ 学习者从课程中得到什么;等等。

在需求分析时,应该区分学习者的主观学习需求和专业学习或未来工作对他们的客观需求,因为这两者往往是不一致的。如学生学习英语往往是为了提高口语和听力这些最实用的技能,但没有注意到他们的专业课程需要他们更高端的学术语言技能。为此,Hutchinson & Waters(1987)提出学习者目标需求和学习需求:前者是指学习者在学习结束后能顺利运用所学会的知识和技能,包括学习者所必须达到的能力和目前所缺少的能力;后者是指学习者希望要达到的目的。同样 Dudley-Evens(1998)提出即时需求和延后需求,前者是学生学习课程时的需求,后者是未来显现其重要意义的需求。因此,在制订大纲时必须充分认识目标需求或延后需求。从这个角度上看,《参考框架》不仅满足了学生的主观需求(即时需求),而且也满足了社会对学习者的客观需求(延后需求)。

第二,《参考框架》符合高校专业人才培养需求。我国的本科生培养计划规定学生需修满约 150 个学分,五六十门课程,其中有专业课程和基

---

⑦ 上海高校大学英语教学指导委员会.《上海市大学英语教学参考框架(试行)》,高等教育出版社,2013.5.1。

础课程。但这些课程不是孤立的、互不联系的,而是相互支撑一个教学目标,即专业人才的培养。各专业培养方案或专业规范几乎都把外语写进"能力结构要求"中,如《高校本科自动化专业规范》明确指出,本专业学生要"具有较强的本专业外文书籍和文献资料的阅读能力,能正确撰写专业文章的外文摘要。能用外语进行学术交流"。《参考框架》的政策目标刚好和这一要求相吻合。大学英语作为一门最大的基础课占到本科总学分的 10%,应该配合其他课程达到培养人才的总目标,不应该仅强调打基础,而忽视专业的需求。高校专业课程改革的目标是培养具有国际交往和竞争能力的卓越人才,实现这一目标不能仅需要提高学科专业课程教学质量,更需要大学英语课程的协助。假如大学英语课程不能提高学生用英语进行专业学习和研究的能力,学生无法听懂外籍教师的英语授课或学术讲座,不能用英语直接阅读专业文献,那么这个人才培养的总目标是很难实现的。因此,最新颁布的《参考框架》并没有按英语专业的路子来设计学术英语的教学内容和课程,而是按照专业人才培养的总目标设计的。它指出要培养学生用英语从事本专业学习和研究的能力,这对大学的英语教学进行了准确的定位,重新凸显了大学英语在高等教育中的重要作用。

第三,《参考框架》符合上海高校学生的英语水平。目前,上海市的大学生已基本具备了开展学术英语学习的条件。2001 年,上海市教委制订了《进一步加强上海市中小学外语教学实施意见》。文件规定,小学毕业生至少掌握 1 000 个英语词汇,初中毕业生至少掌握 3 000 个,高中毕业生掌握 5 000 个,优秀者争取达到 6 000—7 000 个,力争基础英语在高中基本过关。19 年过去了,这些指标在上海市示范点高中已全部达到,一般高中也基本达到。资料显示,上海市八个区的高三英语试卷(2017),除听力外,阅读、写作、翻译等难度都接近甚至超过大学英语六级考试或考研要求。此外,上海市高校 2012 届新生的平均词汇量达到 3 121 个,相当于大学英语三级水平⑧,部分学生词汇量达到 6 000—7 000 个(2017)(我

---

⑧　2012 年 9 月委员会对上海 24 所不同层次和种类的院校共 7 260 名新生进行词汇调查。

国高等院校非英语专业本科毕业生应达到的基本要求为4 791个词⑨,这是目前我国大学英语四级考试命题的词汇依据和范围)。因此有学者认为有这样英语基础的中学毕业生上了大学,应该可直接过渡到专业英语的学习,而不必再学普通英语(章振邦,2003)。所以《参考框架》提出把上海高校大学英语中的综合英语(一种普通英语)从必修课程地位调整为过渡性的选修课程,把学术英语规定为必修课程,是有一定依据的。

此外,毕竟有一些学生的英语水平较低,还达不到上述要求,因此《参考框架》在课程目标设计中也有所考虑和安排。在大学英语课程设置中除学术英语外,还设计了通用英语课程作为过渡性质的补基础的课程。正如有些学者所说,大学英语教学成功的标志不只是学生口语有多漂亮,语法学得多好,和英语本族语者的语言能力有多接近。如果我们教出来的学生不会用英语从事专业学习,不能在自己的专业领域内具有国际交流能力,那么大学英语教学也不算成功(蔡基刚,2013)。

5.2.3 政策方案的文本分析

本小节将按照笔者之前建立的政策方案的文本分析框架对《参考框架》这一政策的文本进行如下分析(蔡基刚,2012):

1)规划主体

《参考框架》的规划主体为隶属国家教育部的上海市教委。2012年7月为贯彻落实国家和上海市中长期教育改革和发展规划纲要,进一步加强对高等学校教学工作的宏观管理和指导,推动高校大学英语教学改革,发挥大学英语教学在适应上海经济社会发展需要、培养国际化人才方面的重要作用,上海市教委决定成立上海高校大学英语教学指导委员会。教指委是在上海市教委领导下,由对全市高校本科大学英语教学工作进行研究、咨询、指导和服务的专家构成。指教委的主要任务是:开展对上海市大学英语教学现状的调查,对其重要问题进行理论与实践研究,为本市高等学校大学英语教学改革的决策提供参考意见;指导高等学校的大

---

⑨ 参见2007年《大学英语课程教学要求》所提供的《一般要求词汇表》。

学英语课程、教材、师资队伍等教学基本建设,切实提高大学生直接使用英语从事科研和工作的能力;制订大学英语课程教学的指导性要求或参考大纲,协助市教委对教学质量进行监督和评估,推动高校大学英语教学改革;沟通信息,交流教学改革经验,推广研究成果,为高等学校的教学建设和教学改革做好服务工作。2013 年教指委在充分研究的基础上制定了《参考框架》。

2) 教学目标

《参考框架》指出"大学英语是以非英语专业本科生为教学对象的公共基础课程,课程定位是为上海高校学生专业学习需求和专业人才培养总目标服务。大学英语教学的目标是:培养学生具有较强的听、说、读、写的学术英语交流能力,使他们能用英语直接从事自己的专业学习和今后的工作,在自己专业领域具有较强的国际交往能力;在提高学术交流能力和学术素质修养的同时,培养他们的人文素质修养,提升他们跨文化交流、沟通和合作以及参与国际竞争的能力,以适应上海市和国家的社会和经济发展的需要。"

此外《参考框架》还对能力目标做了专门的论述:"根据用英语进行专业学习和工作所需要的学术技能,本大纲提出了在完成大学英语教学后学生应该达到的两个等级的能力目标,供教学和评估使用。其中,较高级目标是在完成一般级目标基础上提出的更高教学要求。《参考框架》建议各学校根据专业需求和学生英语水平确定其中一个或交叉搭配两个等级目标,制定出切合实际的、能够达到的大学英语能力目标。"能力目标见下表。

表 5-1 学术英语能力等级量表(上海市教委,2013)

能力	一 般 级	较 高 级
听	能掌握各种基本听力技巧,如听前词汇猜测、辨认主要信息、捕捉衔接词等。除此之外:① 能听懂语速一般、发音比较标准的短篇学术讲座和专业讲课;② 能将大意或重点记下来,使他们能就此写简短的小结;③ 能就讲座中没有听清楚的主题和大意进行提问和回答。	在掌握一般级的听力技能基础上:① 能使用听学术讲座的各种策略;② 能听懂语速正常、有些口音的较长篇幅的专业讲课或讲座;③ 能把记下的内容组织起来,以便能写出比较完整的摘要;④ 能就讲座中比较具体的细节和有关内容进行提问和回答。

能力	一　般　级	较　高　级
说	能掌握英语基本说话技能,如能用可理解的英语交流信息与看法,能使用各种提问技巧和表示同意和反对等讨论策略。除此之外:① 能就与专业相关的话题进行较短的、简单的陈述演示;② 能应对各种提问或评论;③ 能在小组讨论上,采用恰当的会话技能。	在掌握一般级的说话技能基础上:① 能用较标准的英语交流一些复杂的信息与有说服力的看法;② 能在专业的国际学术会议上宣读论文,并能用有效的身体语言和目光交流;③ 能运用各种会话策略有效地参加学术讨论、辩论和提问与回答环节。
读	能掌握基本阅读技能,如跳读、略读、上下文推测意思、仔细阅读和泛读等。除此之外:① 能读懂篇幅较短的、与专业有点关系但是针对一般无专业背景读者的学术文章(如报刊上的科普文章);② 能读懂浅近的专业教材的内容。	在掌握一般级的阅读技能的基础上:① 能阅读长篇专业文章,理解其中主要观点和细节;② 能读懂专业教材的内容;③ 能学会批判性阅读技能,如能区别文章的事实和观点,正确判断信息来源的可靠性和可信性,辨认信息中的片面性。
写	能掌握基本写作技能,如组织主题句/支撑句、衔接技能和句子变化技巧等。除此之外:① 能写较短的学术文章,运用如定义、分类、举例、原因分析、比较和对比等方法;② 能就与专业相关的话题写一篇文献回顾;③ 能写为参加学术会议所需递交的发言摘要;④ 能描写表格和图表等的信息;⑤ 能运用书面表达的词汇和句法以及委婉模糊策略;⑥ 了解学术写作中的剽窃概念,并能用简单的方法避免自己写作中无意的剽窃。	在掌握一般级的写作技能基础上:① 能就与专业相关的话题写较长的小论文(如1 500个词左右);② 能用本学科或专业的学术规范、论文结构和风格进行各种体裁的写作,如论文和技术报告等;③ 能合理引用文献资源,转写所引用的语句,以规范的格式编写文后的参考文献目录,掌握避免各种无意的学术剽窃的策略和方法。
词汇	能掌握词汇学习的各种策略,包括词汇记忆、上下文猜词义技巧等。除此之外:① 接受性词汇量能达到8 000个单词左右;② 能在说和写的交流中使用最常用的3 000个词的至少一种用法。这3 000个产出性词汇包括570个频率最高的学术词族和本学科或专业领域里使用频率最高的学术词汇。	在掌握一般级的词汇技能基础上:① 接受性词汇量能达到10 000个单词左右;② 能掌握这3 000个最常用词汇的各种搭配并能在各种口头和书面的学术交流场合中使用;③ 能掌握自己学科或专业领域里常用的专业词汇。

续　表

能力	一　般　级	较　高　级
学习	能掌握各种学习策略,包括如何管理学习时间、安排学习计划和检查学习进度。除此之外:① 能充分利用学校图书馆和语言学习中心提供的资源和设备进行学习;② 能运用网络信息搜索技能,搜索与专业学习相关的信息;③ 能分析和综合从各个渠道得到的信息;④ 能运用小组活动形式进行学习,培养独立自主的学习能力,在合作学习的环境里建立英语学习的自信心。	在掌握一般级的学习技能基础上:① 掌握学术研究的基本方法,例如,如何选择合适的课题,如何进行文献回顾和数据收集,如何用口头和书面形式汇报研究成果;② 能独立地或以团队合作形式开展专业方面的项目研究;③ 在研究中培养批判性和创新思维能力;④ 能在学习和学习策略方面给自己同伴帮助和建议;⑤ 培养具有用英语组织各种形式的学习讨论会和学术研讨会的能力。

3) 课程设置

《参考框架》指出上海高校的大学英语课程体系由过渡课程、核心课程和选修课程三类课程组成。过渡课程是指通用英语课程,主要为英语水平较低的新生补基础而设置,目的是使他们能够尽快过渡到核心课程上来。过渡性的通用英语课程包括听说、阅读、语法和写作等具体课程。通用英语课程一般应规定为选修性质。

核心课程指学术英语课程,分通用学术英语课程和专门学术英语课程两类。通用学术英语课程主要培养跨学科的学术英语能力,课程包括学术听说、学术阅读、学术报告展示和学术写作。这些学术英语技能是每个大学生必须掌握的,同时又能巩固和直接提高他们的通用英语能力,因此,通用学术英语课程设置为必修性质,并保证有足够的学分使学生的口头以及书面学术英语交流能力得到有效的训练和提高。

专门学术英语课程侧重于特定学科的词汇、句法、语篇、体裁和交际策略的教学。可根据学校和专业情况,开设如法律英语、医学英语、计算机英语、海事英语、商务英语等课程,以及特定领域的工作场所英语课程,如技术报告写作、个人简历写作和会议陈述演示等。课程性质由各大学甚至各专业院系根据实际情况设定。

选修课程主要指培养学生通晓本专业国际规则,掌握学术交往中的

125

跨文化交流、合作和沟通的技能,培养他们对不同文化的理解和容忍态度以及具有本民族认同感的通识英语课程,如英美社会与文化、科学发展与伦理、哲学与批判性思辨、学术中跨文化问题和英语公众演说等。有条件的学校可以开设诸如英美文学、外国影视欣赏和莎士比亚研究等外国文学课程。但这些课程原则上是在学校公共平台的通识教育板块上开设。

　　课程设置主要体现了办学自主权和分类指导的原则。各校可根据下表中建议的课程性质、学分比例、课程名称和课程内容等,结合本校实际情况(如专业需求、学生水平),设计出个性化的校本大学英语课程体系和各专业院系大学英语课程方案,将通用英语课程、学术英语课程和通识英语课程有机结合,以确保不同层次和不同专业需求的学生在新的课程体系中得到有效的训练和提高。

表5-2　大学英语课程构成(上海市教委,2013)

课程性质	过渡课程	核　心　课　程		选修课程
	通用英语 (选修)	通用学术英语 (必修)	专门学术英语 (必修/选修)	通识英语
学分比例	0%—10%	60%	15%	15%
课程内容	英语听说 英语阅读 英语语法 英语写作 英汉翻译	学术英语听说 学术英语阅读 学术报告展示 学术英语写作 综合学术英语	法律英语 医学英语 金融英语 海事英语 商务英语 工程英语 工作场所英语	英美社会与文化 科学发展与伦理 哲学与批判性思辨 跨文化交际 公共演说

4)教材配套

《参考框架》指出:

　　教材开发是实现《框架》要求的关键。学术英语教材和传统的专业英语教材(后者类似双语教材)是有区别的。通用学术英语教材不需要严格限定在专业内容框架内,而是可以围绕人文科学和自然科学的一般话题进行跨学科的,或分大文大理的听、说、读、写学术技能的训练。专门学术英语教材则可按工程、金融、法律、海事、新闻、医学、心理学等学科进行特定领域的语言教学,但课文内容的专业性要降低。选材原则要体现该专业的语言结构和语篇体裁的特点,而非一定要追求专业知识的系统性和全面性,目的是训练学生在该领域里的听、说、读、写等交流技能而非对学科内容的掌握。无论是通用学术英语教材还是专门学术英语教材都应该做到材料的真实性和任务的真实性,如设计能训练学生搜索文献、撰写文献综述、进行成果陈述汇报的项目和模拟工作场所的情景及其任务等。

学术英语教材,尤其是专门学术英语教材应纳入校本教材或学科系统内教材的范畴。《参考框架》建议各高校按照《框架》的教学内容和能力标准,以语言学理论和教学法理论为编写理念,根据自己学校的学科特点和办学方向,开发或与其他具有相同优势专业的院校一起共同开发教材。校本教材和学科系统内教材的编写应突出其前瞻性和示范性。校本教材的编写人员应由大学英语教师、专业教师和以英语为母语的外籍教师组成。其编写工作应基于对学生的英语实际水平分析和学生在专业学习方面对英语的需求分析。编写人员应深入专业院系,听取专业教师对教材内容、话题选择、核心词汇和语言要求的意见,在他们的指导下遴选编写课文的合适语料,并设计出真实任务,从而开发出能真正满足他们用英语进行专业学习和未来工作需求的教材。此外,各高校应加强相关专门用途英语资料库的建设,其中包括通用学术英语资料库(如不同难度和主题的学术讲座视频收集、规避学术剽窃案例的收集等)和专业学术英语资料库(如各学科高频词汇和用法的整理、论文写作体裁规范等),以利于教材的持续开发和学生的学习。

5)教学方案与内容

英语教学分为通用英语(EGP)和专门用途英语(ESP)两种。通用英语是一种除打语言基础外并无特殊目的的语言教学。专门用途英语是为学生专业学习需求或为未来工作需求服务的语言教学。根据使用目的的不同,专门用途英语又可分为职场英语(EOP)和学术英语(EAP)。职场英语是具有岗位培训特色的英语教学,学术英语则是一种在高校层面上为大学生用英语进行专业学习提供语言支撑的英语教学。

学术英语是高校大学英语教学的主要内容,它具有帮助大学生从高中通用英语过渡到大学用英语进行专业学习的不可或缺的桥梁作用。学术英语可细分为通用学术英语（EGAP：English for General Academic Purposes）和专门学术英语（ESAP：English for Specific Academic Purposes）两种。前者主要训练学生各学科通用的学术英语口语交流能力和学术英语书面交流能力,例如听讲座、做笔记、报告展示、撰写文献综述和课程论文、参加学术讨论等能力。后者是以某一特定学科领域（如金融、法律、工程、医学等）为内容的英语教学,但主要注重这一学科的特定语言（如词汇、句法、篇章、体裁）和工作场所交流技能的教学（见下图）。

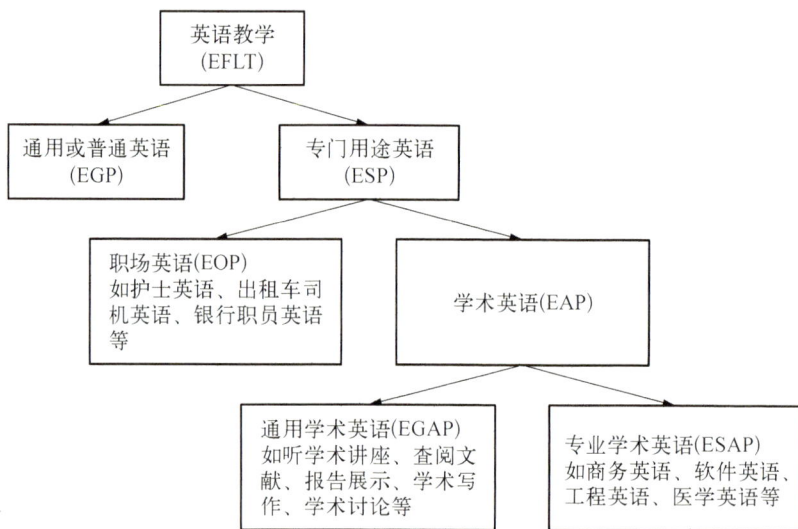

图 5-1　上海市大学英语教学课程体系（《上海市
大学英语教学参考框架（试行）》2013）

此外,《参考框架》对教学安排也提出了具体的建议:教学目的和教学内容的改变使大学英语学分有了增长的新需求。在高等教育国际化和全球化背景下,大学英语在整个专业人才素质培养中的重要作用日益凸显,因此,大学英语应根据不同学校实际情况在专业培养方案的总学分中占有足够的比例。

建议参考学生的高考英语成绩或通过分级水平测试,按不同英语水平进行编班教学。英语水平低于大学英语一级水平的可先学通用英语,大部分学生直接进入通用学术英语学习。

通用学术英语课程既可根据单项能力开设出学术听说、学术阅读、学术报告展示和学术写作等课程,也可以开设综合性学术英语课程,如综合学术英语1—3级等。建议大学英语中60％以上的学分应放在这类核心课程上。考虑到大学英语学分和学时的有限性,建议尽量利用学校前期已建成的英语自主学习中心和上海市高校学术英语资源库(仍在规划建设中),把大部分的学术听、读、写训练放在课后进行,课堂授课和课外作业的课时比例不低于1∶2。

专门学术英语课程是特定学科或专业里的学术英语课程。考虑到这类课程具有一定的挑战性,可把这些课程安排在通用学术英语课程后面学习。

在教学安排中,应按照内容由易到难,由核心课程到选修课程,由以教师为主导的通用学术英语到以学生为中心的专门学术英语的顺序,把大学英语所有课程安排在第一到第三学年。全英语或双语课程比较普及的高校可尝试采用集中学习、强化训练的方法,把学术英语课程放在第一学年内完成。这种加强密度的集中教学法不仅可以提高语言学习效率,还可以使学生把学到的学术英语技能及时运用到大二到大四的专业学习中去。

各校的教学安排要贯彻分类指导原则,并体现专业特点。因此,教学安排要尽可能根据各个专业院系学生的个性化英语需求,设计出专业对口的套餐式或订单式的课程模块和教学安排。

6) 教学方法＆教学模式

《参考框架》中并未对教学方法和教学模式做出专门论述,按照《参考框架》对教学内容和能力目标的要求,笔者认为应该在基于传统课堂授课的模式下,结合信息技术教学、网络化学生自主学习、课堂研讨、课外探究、实际演练、案例分析等多模态的方式进行外语教学。

7) 测试评估

《参考框架》指出教学评价是教学活动中的一个重要环节,它既是教师获取教学反馈信息、改进教学方法、提高教学质量的依据,又是学生了解自己学习情况,调整学习策略,提高学习效率的有效手段。教学评价包括对学生的评价和对教学的评价。对学生的评价可采用形成性评估和终结性评估两种形式。

形成性评估是根据教学目标和能力标准对学生学习进行的过程性和发展性评估。在形成性评估中尤其要注意开发诊断性测试和个人学习进度报告,以便发现和记录学生在学习过程中的问题,给学生提出建设性意见。形成性评估不仅仅考查学生的学习表现,更重要的是帮助他们达到《参考框架》提出的能力目标。形成性评估要重点考核学生以团队合作为形式、以项目研究为核心的学习情况,即通过布置与课文主题相关的项目,要求学生结成小组从搜索和组织信息、归纳和综述文献到设计研究方法(如问卷、田野调查和小实验),最后用口头和书面形式汇报研究成果。在形成性评估中要重视学生的自评和相互之间的评估,如由全班同学或其他小组对某个同学或某个小组的研究成果汇报表现进行打分。

终结性评估是课程结束时进行的期末考试和综合评估。它应该是基于学生课程表现的学业成绩考试,而非学生无须经过课程学习的语言水平考试。而且,用同一张卷子来测试不同专业学生并不符合专门用途英语的教学理念。综合性成绩评定不仅要考虑某个学生的听、说、读、写综合能力的表现,还要考虑他们单项能力的提高幅度;不仅要考虑学生学术英语听、说、读、写这些可测试的量化语言能力,还要考虑他们在用英语开展研究中表现出来的团队沟通合作能力和批判性创新思维能力等这些难以量化的能力。无论采用哪种评估或测试方法,都要改变为评估而评估的传统观念,改变用水平考试来确定学生成绩的简单做法。评估的主要目的之一是要最大限度地调动学生继续学习的积极性和提升学生对自己学习能力的自信心。

对教学的评价不仅仅是学生对教师的教学水平和质量的评价,主要是教师对自己开设的课程的自评和对使用的教材的评估,还包括他们对课程目的的了解程度和帮助学生达到这个目的的情况的评估。课程评估包括课程开始前对学生的需求分析和课程结束后对学生的反馈调查,以及对整个课程活动包括练习和考试的全面自评。通过这种教学评估来改进教学,提高教学质量。

8) 师资政策

《参考框架》指出"教师是开展大学英语教学改革的关键。教师应首先转变观念,并纠正其对学术英语的偏见和误解。大学英语教师并不一定需要有很强的专业知识。他们应当利用学生对专业知识的了解,推动语言课堂的交流。英语教师的作用是帮助学生获得其专业领域中进行口头和书面交流的语言能力,帮助他们实现有效的专业学习。"

《参考框架》针对教师政策也提出了几项建议:

(1) 对学术英语课程的新任教师适当减少工作量,并保证他们参加不少于一个学期的岗内培训,如:每周进行 ESP 文献阅读和教学案例讨论等;参加学术英语教材编写以提高理论水平;旁听教学对口的专业院系的相关课程,了解学生在专业学习上的困难和需求;等等。

(2) 应经常组织或参加国内或国际的 ESP/EAP 学术研究和 ESP/EAP 工作坊之类的研讨会,邀请 ESP 专家进行讲座和讲课。在 ESP 教师同行间进行 ESP/EAP 课程的互相观摩,交流经验和体会。

(3) 采用"走出去,请进来"的方法,让相关专业院系的教授解答专业知识上的问题,以帮助语言教师了解相关专业的基本内容和学科领域发展情况,尤其是学科的语篇体裁、语言交际能力和策略以及专业学习和工作对英语能力的需求。

通过对比分析《参考框架》和之前的《大学英语教学大纲》,我们发现二者在以下几方面是不同的。

在教学目的上,学术英语是为满足学生专业学习需求服务;通用英语是为打基础而打基础。在教材内容上,学术英语是以信息性较强和适度训练抽象思维的文章为主;通用英语以趣味性的故事性散文为主。教学模式上,通用英语主要以传统的课堂讲授为主;学术英语除教师讲授外,更强调对学生的自主性学习能力和批判性思维能力的培养。在培养目标上,学术英语不仅培养人文素养还强调科学素养和学术素养,通用英语仅强调人文素养。在能力目标上,学术英语不局限于通用英语的听、说、读、写、译等基本英文能力上,其新的能力等级量表有两个特点:① 首次提出学习能力目标,即大学英语教学不仅要提高学生的听、说、读、写语言技能,还应培养他们独立自主和终身学习的能力、开展以团队合作形式的项目研究能力、遵守学术规范避免无意识剽窃的能力以及批判性思维能力,只有这样才能真正培养出具有国际视野和国际竞争力的专业人才;② 用定性的"能够做什么"的能力目标替代传统的定量的教学要求,定量的教学要求(如每分钟听多少词、读多少词、写多少词)往往是对一种离散性的听、说、读、写单项能力的描写,而定性的"能够做什么"是把语言技能置于一定语境下,对语言综合运用能力的描写(蔡基刚,2013)。

5.3 《参考框架》的执行效果调查研究

在专门用途英语逐步过渡到和通用英语齐头并进且有逐步取而代之的情况下,有必要对《参考框架》的实施状况和存在的问题进行研究。从制定政策的背景看,《参考框架》符合我国经济、社会和科学发展的需要(蔡基刚,2013);从政策文本内容看,《参考框架》以我国原有的大学英语教学大纲为基础,大胆突破,既不脱离大纲和学生能力基础,又增加了与时俱进的内容。但是一个政策的科学性和合理性不能仅仅从理论上来考察,更要通过考证其在实践过程中的实施效果来证明。我们必须承认《参考框架》在三年的试行过程中确实存在一些问题。因此,本节笔者将采用问卷和访谈的方式对《参考框架》(2013)的实施效果进行调查研究。主要是基于"外语教育政策执行环节研究模型——外语课程实施模型",辅以对教师、学生的问卷调查、访谈以及课堂观察等方式进行的研究。

5.3.1 研究目的

本调查研究试图探索《参考框架》自颁布起实施两年来的效果和执行现状。例如:该文件在实际教学中的执行现状如何?有哪些问题?学生的学术英语能力是否有所提高?教师在学术英语教学中是否遇到困难?拟从两个层面入手研究,即教师层面和学生层面。在教师层面,从课程设置、教学评价、教材开发、教师培训和教师理念五个角度考察《参考框架》的执行情况,以发现问题并探讨解决办法。在学生层面,从听的能力、说的能力、读的能力、写的能力、词汇能力、学习能力六个角度考查学生能力的发展情况。

5.3.2　研究样本

笔者在上海市四所高校就学术英语教与学的情况进行了问卷调查和访谈。这四所学校分别是:上海对外经贸大学、东华大学、华东师范大学、第二军医大学。选择这四所学校依据如下。

上海对外经贸大学在 2008 年就开始了学术英语教学的试点工作并一直持续至今。从 2008 年起,该校引进了澳大利亚墨尔本理工大学语言培训中心为母语非英语的外国大学生设计的学术英语课程,旨在培养学生用英语进行专业课程学习的能力。他们采用了国际化学术英语教学体系,使用了原版的综合学术英语教材,并且实施了国际标准化的考核方式。该校的学术英语课程在 2012 年和 2013 年都获得了上海对外经贸大学教学成果一等奖,2013 年还获得了上海市教学成果一等奖。2017 年该校编写完成了学术英语学习手册(14 万字)、学术英语题库(28 万字)、项目教学法手册和学术英语语料库(23 万字)等。该校在学术英语教学方面有着比较丰富的经验,可以作为经贸类学校的代表。

华东师范大学于 2012 年开始规划和设计《通用学术英语系列课程》,得到了学校和上级教学主管单位的认可和支持,先后获得华东师范大学重点课程和上海市重点课程的立项。自 2012 年以来,经过大量的调查和研讨,该校制定了学术英语教学大纲以及系列课程的课程标准;成立了学术英语听说、学术英语阅读、学术英语写作以及学术英语实验班四个团队,负责课程设计和课程实施;此外,该校还成立了专门的测试团队,除设计水平考试外,测试团队还负责对整个课程进行评价。《学术英语课程》自 2013 年 9 月全面实施以来,已经形成了以三门学术英语核心课程＋两门选修课程＋网络自主学习课程的课程模式。该校已经在全校范围内全面铺开了学术英语教学,可以作为综合类学校的代表。

第二军医大学于 2013 年 9 月，以临床医学专业的本科生为对象开始了学术英语的教学试点工作，迄今已有六个学期。该校根据医科大学的特殊性，经过大量的调研、试讲、论证，确定了大学本科开设 9 门课程，所有课程均为医学通用学术英语。此外，该校还成功创办了"医学英语人文论坛"。该论坛自 2009 年开始筹办，已经成功举办过七届，吸引了来自复旦大学医学院、同济大学医学院、上海交通大学医学院和上海中医药大学的各专业医学生的参与并获得了一致好评。2015 年第二军医大学的学术英语荣获"军队教学成果三等奖"。该校可以作为培养专业人才学校的代表。

东华大学于 2013 年 9 月开始学术英语的试点工作，主要以服装学院的学生为对象进行试点。2013 年该校的学术英语获得了"上海市重点课程项目"立项，2015 年成功结项，成绩为优秀。2013 年到 2015 年期间，他们创建了纺织与服装语料库和学术英语系列课程网站，出版了 2 套学术英语教材，即《大学通用学术英语》和《服装英语》，另外三本教材《机械英语》《纺织英语》《管理英语》2017 年已出版。2015 年 6 月，该校两名同学获得在首届上海市大学生学术英语论坛上宣读论文的资格。同年，他们的教学成果"以纺织、服装高峰专业为依托，以学术培养目标为导向的大学学术英语教学改革实践"获得了"中国纺织工业联合会教学成果二等奖"。该校可以作为上海市理工类学校的代表。

笔者对以上四所学校从事学术英语教学的教师和学习的学生进行调研。四所学校专门从事学术英语教学的教师数量各有不同，华东师范大学全员参与（参与问卷调查的人数有 30 人左右），上海对外经贸大学有 14 人，东华大学有 7 人，第二军医大学有 8 人。笔者共发放教师问卷 60 份，回收 44 份，剔除无效问卷 6 份，有效问卷为 38 份。笔者共发放学生问卷 220 份，回收问卷 218 份，剔除无效问卷 13 份，有效问卷为 205 份。

5.3.3 研究方法

本书采用问卷和访谈的调查方式。问卷主要依据《上海市大学英语教学（参考框架）》的内容进行设计，其目的是要考察该政策的实际执行情况。

教师问卷分为五个部分（课程设置、教学评价、教材开发、教师培训和教师理念),共由 48 个选择题组成。访谈为三个开放式问题:① 您觉得和传统的大学英语相比,学术英语最让您感到困惑的是什么? ② 您认为经过 2 年的学习,学生们适应/喜欢学术英语教学吗,为什么? ③ 您认为现在的学术英语的课程设置、教材内容、教学方法、教学内容、学生反映等有哪些不足或问题,您认为该如何解决?

学生问卷分为六个部分(听力能力、说的能力、读的能力、写的能力、词汇能力和学习能力),共 53 个选择题。访谈为三个开放式问题:① 你觉得现行的学术英语课程有什么问题? 最主要的问题是什么? ② 你个人认为学术英语课程在哪些方面应该可以继续提高? 如何才能提高? ③ 你觉得现行的学术英语课程对你英语的帮助大吗,对今后的学业或工作的用处大吗?

访谈为半结构式深度电话访谈或面谈,语言为汉语,平均时长 35 分钟。全部访谈内容用录音笔录下并转写。调查问卷结果运用 SPSS 进行统计学处理,访谈的开放式问题运用"主题一致性"分析法进行归纳处理。

5.3.4 研究结果与讨论

5.3.4.1 教师问卷结果与分析

根据问卷调查结果,从英语教师对学术英语的课程设置、教学评价、教材开发、教师培训和教师理念进行分析。

1) 课程设置

就课程设置的基本情况,笔者分别从课程设置的门类、分级考试、学分分布、学期分布、课外作业配套以及教师开发或设计专业对口的套餐式或订单式的课程模块六个方面进行了调查。详见下表。

表 5-3 学术英语开设的课程门类

开设了全部课程	78%
只开设了 2 门	16%
开设的课程主要是针对医学类的专业英语课程而不是通用学术英语课程	6%

注: 包括学术英语听说、阅读,学术报告展示,学术英语写作,综合学术英语。

表 5 - 4　学术英语分级考试情况

	分级考试	结　果　应　用
上海对外经贸大学	√	国贸、金融和工商管理这三个专业直接开设学术英语。其余专业根据考试成绩而定,成绩达标的同学开设学术英语。
华东师范大学	√	根据考试成绩给成绩达标的学生直接开设学术英语,给成绩不达标的学生先开设通用英语。
东华大学	√	没有根据分级考试的成绩来确定是否开设学术英语课程,目前的做法是在服装学院进行试点,只对该学院的学生开设学术英语课程,对其他学院的学生仍然开设通用英语课程。
第二军医大学	无	没有分级考试,试点班级全部教授学术英语,非试点班级全部教授通用英语。

表 5 - 5　各校学术英语学期分布情况

	第 1 学期	第 2 学期	第 3 学期	第 4 学期
上海对外经贸大学	√	√	√	×
华东师范大学	√	√	√	×
东华大学	√	√	√	√
第二军医大学	√	√	√	√

表 5 - 6　各校学术英语学分分布情况

	通用英语学分	通用学术英语学分
上海对外经贸大学	26	24
华东师范大学	8	11
东华大学	12	12
第二军医大学		12(240 学时)

表 5 - 7　课外作业配套情况

为每 1 学时的课堂学术英语授课配套了不少于 2 学时的课外作业	68%
没有课外作业配套	30%
不清楚有课外作业配套这一回事	2%

表 5 - 8　教师开发或设计专业对口的套餐式或订单式课程模块情况

不清楚	54%
没有开发	35%
有(来自上海对外经贸大学和第二军医大学)	11%

在课程设置这一环节中,目前各个学校都开发了有本校特色的学术英语课程(根据学校特色开发的一系列的专门学术英语课程,如商务英语系列之商务谈判英语、商务函电、商务口译、商务礼仪等,国际贸易英语系列之进出口贸易英语、国际贸易英语、进出口实务英语等,医学英语系列之临床医学英语、医学英语综合、医学英语视听说、医学英语阅读写作等),其中 86% 的教师参与了校本课程的研发,这一点值得肯定并应继续保持。就学期分布、学分分布和分级考试而言,目前尚无统一定论,各校有各校的做法;至于是否要有统一的学分要求还需要进一步商榷。

2) 教学评价

就教学评价的基本情况,笔者分别从评估模式、形成性评估的具体方法、课前需求分析、课后学生反馈这四个方面进行了调查,情况详见下表。其中学术英语形成性评估的具体方法分为六个子问题,笔者对此六个子问题的可靠性系数进行了统计,其 Cronbach's alpha 值为 0.819。

表 5 - 9　教师进行教学评价的基本情况

	经常	偶尔	从不
基本了解教学评估的两种方式,即形成性评估和终结性评估,同时在实践中也把二者结合起来使用	92%	8%	0%
① 在形成性评估中采用如下方式:考查学生以团队合作的形式进行基于项目研究的学习,即通过布置与课文主题相关的项目,要求学生组成小组,搜索和组织信息	86%	14%	0%
② 在平时作业中经常让学生用口头和书面形式汇报研究成果	84%	14%	2%
③ 在形成性评估中经常采用让学生归纳和综述文献的方法	27%	59%	14%

	经常	偶尔	从不
④ 在平时作业中让学生设计某个项目的研究方法（如问卷、田野调查和小实验）	35%	43%	22%
⑤ 在给学生做形成性评估的过程中经常让学生自评、学生之间互评（如，由全班同学或其他小组对某个同学或某个小组的研究成果汇报表现进行打分）	40%	38%	22%
⑥ 在给学生的评估中经常把"用英语开展研究中表现出来的团队沟通合作能力和批判性创新思维能力等这些难以量化的能力"考虑进去	55%	28%	17%
在课程开始前，有对学生做需求分析	62%	0%	38%
在课程结束后，对学生的反馈进行调查	84%	0%	16%

注：①—⑥为学术英语形成性评估的主要影响因素。

以上调查情况表明大多数教师比较熟悉形成性评估当中的方法①和②，但是作为学术英语教学形成性评估的另外几个比较重要的方法③、④和⑤，教师使用得却不是很多，详见上表。究其原因，笔者认为，部分教师对文献综述方法和项目分析方法并不熟悉，学校也没有相关培训，所以该方法使用较少。

在学术英语教学测评的具体内容和评分方式上，过半的教师考虑得相对周全，详见上表中的⑥。此外，过半的教师对教学评价的关键起始环节（即需求分析）有所了解，但并不系统，源于教师对该类知识的缺乏。因此笔者认为需要对教师就学术英语教学评价进行相关培训，让教师更加透彻地了解教学评价以及如何科学地进行教学评价，例如教学评价的基本表现方式、种类、具体的评估方法以及每一种方法的具体的操作步骤等。需求分析是任何一项教学活动所必需的环节，其重要性不可忽视，有必要对教师开展需求分析的培训，让教师了解需求分析的内容、方法、具体操作步骤和注意事项等。同时也表明我们亟须进一步研制并出台学术英语评估指标体系。

3）教材开发

目前各个学校所使用的学术英语教材的版本不同，详见下表。

表 5 - 10　各校学术英语教材使用情况

上海对外经贸大学	*Academic Writing: A Handbook for International Students*，*Quest: Listening and Speaking in the Academic World*，*Key Concept: Academic Reading and Writing*，*Key Concept: Academic Listening and Speaking*
华东师范大学	《大学通用学术英语视听说》《美国大学英语写作》，*College Writing Skills with Readings*，*Readers Choice*，*Academic Writing*
东华大学	《大学通用学术英语》《大学学术英语综合教程》《学术英语(理科)》《学术英语(社科)》
第二军医大学	《医学英语综合1》《英语医学术语》《学术写作基础》《医学英语视听说系列》

表 5 - 11　国内外教材使用情况

	国外原版进口教材	国内教材	自编教材
上海对外经贸大学	√		
华东师范大学	√	√	√
东华大学	√	√	√
第二军医大学		√	√

从教师对教材内容的态度上看,大部分教师基本认可目前所使用的教材,但同时认为教材在材料真实性、任务真实性、材料系统性、时效性等几个方面还有待提高,见下表。

表 5 - 12　教师对教材内容的态度

	非常满意	一般	不满意
对目前所使用的学术英语教材的总体态度	19%	70%	11%
对教材内容、话题选择、核心词汇和语言要求的看法	12%	85%	3%
对现用的教材材料的真实性和任务的真实性的看法(如设计能训练学生搜索文献、撰写文献回顾、进行成果陈述汇报的项目和模拟工作场景及其任务等)	35%	59%	6%
从教材的专业性看,教材中专业知识的系统性和全面性	8%	86%	6%
教材的难度和可操作性	1%	83%	16%
教材体现的该专业的语言结构和语篇体裁特点的情况	45%	55%	

目前很多机构都在研发学术英语教材,很多教师也都期待本土化、系统性、可操作性强的教材的出版。就现有教材而言,由于教材的时效性和系统性欠佳,教材资料不全,绝大部分(92%)的教师会补充课外资料。截至2017年5月,上海对外经贸大学又新出版了2套教材,东华大学也新出版了2套教材。目前ESP资料库的建设还有待完善和推广,有半数的教师并不知晓。例如:东华大学于2015年创建了纺织与服装语料库;2016年上海对外经贸大学也创建完成了学术英语写作语料库(包含报告、摘要、议论文、图标作文等)、学术英语学习手册(含听、说、读、写)、项目教学法手册、一个经贸论坛和一个微信公众号。类似专业学校的教师也可以充分利用这些语料库并积极参与语料库的扩建。此外,笔者建议学术英语教学可以和大数据信息技术紧密结合起来,为教师的教和学生的学提供更多的便利。

表 5 - 13　教材辅助材料的使用情况

	经常	偶尔	从不
给学生发除教材外的课堂用或课后用的补充资料	46%	46%	8%
ESP资料库包括通用学术英语资料库(如不同难度和主题的学术讲座视频、规避无意识学术剽窃案例集等)和专业学术英语资料库(如各个学科高频词汇和用法的整理、论文写作题材规范集)的使用情况	8%	43%	49%

表 5 - 14　教师参与教材开发的情况 1

	经常	偶尔	从不
教师参与开发本校的校本教材或学科系统内教材(如就专门学术英语教材而言有金融英语、工程英语、医学英语等)的情况	8%	60%	32%
在教材编写前或给学生选择课堂用的资料前,有对学生的英语实际水平进行测试分析	15%	50%	35%

表 5 - 15　教师参与教材开发的情况 2

大学英语教师	86%
专业教师的参与	10%
以英语为母语的外籍教师参与	4%

就教师参与教材开发的情况看,有 86% 的教师参与学术英语教材的研发,这一点是值得肯定的。我们应该鼓励教师在研发教材前进行需求分析,并鼓励更多的专业教师和外籍教师的参与,以提高教材的适切性和科学性。

4) 教师培训

从培训形式上看,有专门的 ESP 课程培训、ESP 工作坊、ESP 专家讲座、ESP 国际会议、ESP 课程观摩等多种方式。

表 5‑16 教师培训频率情况

	100% —————————————————————————— 0%		
在教授 ESP 课程前参加过该类课程的培训	8%(3 次及以上)	15%(1 次) 32%(2 次)	45%(0 次)
参加国内或国际的"ESP/EAP 学术研究"和"ESP/EAP 工作坊"之类的研讨会	26%(3 次及以上)	42%(1—2 次)	32%(0 次)
本校到目前为止邀请 ESP 专家举办讲座和讲课的次数	19%(3 次及以上)	59%(1—2 次)	22%(0 次)
参与过 ESP 教师同行间进行的 ESP/EAP 课程的互相观摩和经验交流	27%(3 次及以上)	35%(2 次) 8%(1 次)	30%(0 次)
总体培训时间	27%(超过一个学期)	51%(少于一个学期)	22%(1 周左右)

ESP 课程在我国还是一个新生事物,很多第一次从事 ESP 教学的教师并不了解其系统知识,目前也只是在探索和尝试阶段。我们需要给 ESP 教师提供系统的培训,以多样化的培训方式,全方位提高教师的 ESP 素养,不断提升培训质量、培训时间、培训频率和培训的参与度。

从培训知识内容上看,部分学校和教师已经开展了 ESP 文献阅读、教学案例讨论和相关专业知识学习等。ESP 文献阅读和教学案例讨论对于提高教师 ESP 教学水平有很大的帮助,我们需要积极推广并广泛实践。学术英语或专门用途英语是和专业紧密相连的,学校应该鼓励教师多学习专业知识,定期邀请专业领域的教师为 ESP 英语教师提供培训、讲座或答疑解惑。

表 5-17　教师培训内容情况

	100%——————————————0%		
每周进行 ESP 文献阅读和教学案例讨论	16%（经常参加）	73%（听说过但没有进行）	11%（0 次）
旁听与教学对口的专业院系的相关课程（如该教师教授的是金融英语,相关课程包括金融学方面的知识）	14%（不止 1 学期）	24%（1—2 周）	62%（0 次）
请相关专业院系的教师解答专业知识上的问题,以帮助语言教师了解相关专业的基本内容和学科领域发展情况,尤其是学科的语篇体裁、语言交际能力和策略以及专业学习和工作对英语能力的需求	14%（3 次及以上）	14%（2 次）16%（1 次）	56%（0 次）

5）教师理念

关于学术英语的理念,笔者主要从教师对于学术英语的认知与大学英语、双语教学的比较等几个方面做了调查,详见下表。

表 5-18　教师理念 1

	基本一样	不完全一样	完全不一样
教师关于学术英语 VS 专业英语或双语教学的认知	14%	62%	24%
教师关于学术英语的教学模式 VS 大学英语的教学模式的认知	17%	63%	20%

表 5-19　教师理念 2

	清楚	比较模糊	不清楚
教师关于学术英语概念的认知	51%	41%	8%

此外,65%的教师表示比较适应从传统的大学英语教学转到学术英语教学,35%的教师表示不太适应。这说明我们需要向教师明确学术英语的具体含义,尤其是在不同的专业领域内具体的学术英语的内涵,明确

学术英语的教学方法和教学模式,明确学术英语和原有大学英语的差异。

5.3.4.2　教师访谈结果分析与讨论

通过对学术英语教师的访谈,笔者发现多数教师对学术英语给予了肯定,并有比较正确的理解:"学术英语是促进学术专业学习的相关英语,可以帮助学生用英语作为交流工具,学习专业知识,增强学术能力(Jones,2011:90)。""它不以语言知识为重点,强调的是语言的应用能力、规范的专业表达、用英语进行学术研究的能力,通过以上能力的培养促进学生更好地进行专业知识的学习(Barron,2002:297)。"

除了对学术英语教学的肯定之外,教师们对目前的学术英语教学还存在一些困惑:

(1)学术英语定位方面。首先,很多教师反映就学术英语的定位而言,虽然政策和一些文献(蔡基刚,2015;文秋芳,2014;王守仁,2010;胡开宝,2014)说得很清楚,但是在实际操作过程当中,到底多大程度上算"学术",并没有一个标准。有一些教师认为:"现在的学术英语所教授的内容是一般层面上的,其内容涉及了各个学科的知识,是否需要让专业学生学习如此多的和其专业无关的知识是值得考虑的问题。"其次,在学术英语开设时间点的选择上有争议:一部分教师支持按照年级分类,如有的教师表示,"学术英语的课程应该放在高年级,在低年级还是应该加强通用英语的学习";一部分教师支持按水平分类,如在一些没有对学生英语水平分级的学校的教师表示,"应该先对学生的英语水平进行测试分级,然后再决定是否学习学术英语,应尽可能保证让具备中高级英语水平的学生都进行学术英语学习。"笔者更倾向于对学生英语水平进行分级测试,而不是按照年级划分决定是否开设学术英语。再次,有部分教师表示通用英语和学术英语仍需结合。他们支持"把学术英语分成通用学术英语和专门学术英语,根据学生所需进行选择。"此外,也有个别教师对学术英语和通用英语的本质区别并不明了,他们认为:"我们更倾向于通用英语,在授课中更愿意强调英语的人文性而不是工具性。"笔者认为,随着学术英语教学时间的增加,教师对学术英语的理解一定会越来越深刻。但是同样是学术英语的概念,不同教师的理解和体验是大不相同的,已经有大量研究表明一位教师对 EAP 的理解和其个人体验对 EAP 的教学有非常大的影响(Karen,2012)。

（2）教学内容与方法方面。首先从教材上看,多数教师认为目前的教材编写体系存在一定的问题,反映比较集中的是目标不明确,且部分教材起点较高。教师们普遍反映:"希望能够出版一套权威的、内容系统、安排合理、知识丰富的教材,能够让不具备专业知识的教师上手更加容易。"笔者建议在教材编写过程中可以采用渐进式策略,一开始可以选用通识性更强、主题范围更广的内容,后面逐步过渡到学术英语上。同时结合校本特色开发新的教材。学术英语教师之间也可以通过集体备课分享各自搜集的教学资料。其次从教学方法上看,教师们对学术英语的教学方法普遍感到困惑,他们认为:"学术英语的教学方法不明确、不具体,缺乏配套的教学手段和教学设施。"既然学术英语和通用英语有很大差异,那么学术英语应该有自己独特的教学方法和手段,而目前教师在学术英语教学中基本上采用的依旧是通用英语的教学方法。因此对于学术英语具体教学方法的培训应成为下一步学术英语教师专业发展培训的重点。培训的方式可以多种多样:"校本"(school-based)培训是我国教师教育的一个重要途径,可以根据学校的实际需要选取培训内容,通过课题研究、合作教学、教师间的相互观摩与交流、各种形式的短训班、讲座、研讨等形式来进行;此外,也可以鼓励相关教师参加学术英语教学方法的研修班及国际会议,有条件的高校应尽可能为教师提供出国进修机会(王欣、王勇,2015)。也有一部分教师阐述了自己的观点:"学术英语的教学方法应该灵活多变,应根据实际的教学目的采取适当的教学方法,关键是要学生配合、教师投入,同时配以课后大量的阅读以及课内更多的对话和互动。"很多教师表示"转变学生的学习方式和理念,提高其自主学习能力对于实现学术英语的教学目标非常重要",当然这需要更多的时间进行调适。再次,从教学内容上看,教师们普遍认为学习目标不够清晰、不够明确。部分教师认为:"目前学生的语言输入还明显不够。"部分教师反映:"涉及专业的难点需要有相关专业的专家讲解,或配以相关专业的助教来辅助教学。"医学院的外语教师们对"教什么"感觉更加困惑,他们感觉是"由外语教师在教授专业知识"。笔者认为在教学内容中可以增加"学术技巧"方面的知识。此外很多教师反映:"学术英语课时太少,可用于备课的补充资料不多。"

(3) 师资投入方面。部分教师反映学术英语对大学英语教师的专业素养要求过高。教师表示:"教材中涉及很多专业知识、专业术语,尤其是理工科专业,对学习语言出身的教师来说要求较高。"部分医学院校的教师反映:"语言教师本身的语言背景和知识功底在面临专业英语教学时显得优势全无,讲授的都是自己不了解的内容,比较吃力。"学校在此方面应该考虑加强对教师的支持,如增加系统培训,减少教师工作量以提升教学质量。学校在专业帮助和资金支持上都应该有所体现和投入。学术英语教学改革的关键点是教师教学理念和教学方法的改变,但是对于一些教师来说,由于各种原因,学术英语教学只是教学文本和素材的改变,其教学模式和方法未变。如何提高教师自身的主动性也是大学英语教改的难点所在。在学术英语教学活动中要实现课堂选题的学术性、过程的学术性和内容的学术性,培养学生以科学的方法研究学术文献,培养学生具备学术的思维方式,其关键都在于教师。专家指出,学术英语教师不但是教师,还是课程的设计者、教学资料的提供者、学术英语的研究者和评估者(Dudley-Evans & St John, 1998)。因此我们亟须提升学术英语教师的能力。

5.3.4.3　学生问卷访谈的调查结果与分析

在本节中,笔者将从学生角度,在听的能力、说的能力、阅读能力、写作能力、词汇能力以及综合学习能力几个方面进行分析。这几个能力是《参考框架》里面明确要求的能力,笔者拟考察经过三年左右的学习,学生这几个方面的能力是否有所提升,还有哪些地方有待提高。

(1) 听的能力方面。笔者将按照一般级和较高级两个层面进行调查。一般级调查的能力主要有:掌握各种基本听力技巧(如听前词汇猜测、辨认主要信息、捕捉衔接词等);听懂语速一般、发音比较标准的短篇学术讲座和专业课程;能将大意或重点记录下来,并能就此写简短的小结;能就讲座中没有听清楚的主题和大意进行提问;等等。较高级调查的能力主要有：能听懂（听懂60％左右的大意）语速正常、有些口音的较长篇幅的专业课程或讲座；能够把听力记录的内容组织起来并写出比较完整的摘要；能就讲座中比较具体的细节和有关内容进行提问和回答。具体调查结果详见下表。

表5‑20　与开设学术英语课程之前相比，学生
听力的总体提高的程度

学生的观点	学生比例
有很大提高	6.7％
听力有一些提高，但幅度不大	74％
没有什么提高	19.3％

表5‑21　听力提高状况调查统计表（一般级）

听力指标	学生占比情况		
	该能力尚不具备	基本可以	完全可以
掌握各种基本听力技巧（如听前词汇猜测、辨认主要信息、捕捉衔接词等）	38％	60％	2％
听懂语速一般、发音比较标准的短篇学术讲座和专业课程	16％	78％	6％
能将大意或重点记录下来，并能就此写简短的小结	50％	47％	3％
能就讲座中没有听清楚的主题和大意进行提问	50％	44％	6％

表5‑22　听力提高状况调查统计表（较高级）

听力能力指标	学生占比情况		
	该能力尚不具备	基本可以	完全可以
能听懂（听懂60％左右的大意）语速正常、有些口音的较长篇幅的专业课程或讲座	40％	58％	2％
能够把听力记录的内容组织起来并写出比较完整的摘要	63％	35％	2％
能就讲座中比较具体的细节和有关内容进行提问和回答	66％	31％	3％

可见,经过一年的学术英语的学习,学生的一般级和较高级听力都得到了提升,但有些能力仍有待加强,如:听懂学术讲座、组织听力内容记录大意、写出完整摘要或简短评论的能力,就讲座的细节进行提问和回答的能力。这些能力都是和学术英语密切相关的,需要我们在今后的学术英语教学中给予更多的重视。

(2) 说的能力。在说的能力方面,笔者按照一般级和较高级两个层面进行调查。一般级口语能力指标主要包括掌握英语基本会话技能,如:能用可理解的英语交流信息与看法,能使用各种提问技巧和表示同意和反对等讨论策略,能就与专业相关的话题进行较短的、简单的陈述演示,能应对各种提问或评论,能在小组讨论上采用恰当的会话技巧,等等。较高级的口语能力指标主要包括:能用较标准的英语交流一些复杂的信息与有说服力的看法,能在专业的国际学术会议上宣读论文,能运用各种会话策略有效地参与学术讨论、辩论和提问与回答环节,等等。具体调查结果见下表。

表 5-23 与开设学术英语课程之前相比,学生口语
能力的总体提高的程度

学生的观点	学生比例
有很大提高	10%
口语有一些提高,但幅度不大	59%
没有什么提高	31%

表 5-24 说的能力提高状况调查统计表(一般级)

说的能力指标	学生占比情况		
	该能力尚不具备	基本可以	完全可以
掌握英语基本会话技能,如:能用可理解的英语交流信息与看法,能使用各种提问技巧和表示同意和反对等讨论策略	26%	66%	8%
就与专业相关的话题进行较短的、简单的陈述演示	37%	55%	8%
应对各种提问或评论的能力	37%	60%	3%
在小组讨论上采用恰当的会话技巧	28%	62%	10%

表 5 - 25　说的能力提高状况调查统计表(较高级)

说的能力指标	学生占比情况		
	该能力 尚不具备	基本 可以	完全 可以
能用较标准的英语交流一些复杂的信息与有说服力的看法	60%	37%	3%
在专业的国际学术会议上宣读论文	78%	19%	3%
能运用各种会话策略有效地参与学术讨论、辩论和提问与回答环节	79%	20%	1%

可见,过半学生的一般级口语表达能力有所提升,但与此同时,超半数的学生的较高级口语能力没有多少提高。我们在今后的口语教学和练习中应该更加注重以下几项能力:用英语交流复杂信息的能力,在专业的国际学术会议上宣读论文的能力,有效运用各种会话策略参与学术讨论的能力等。

(3) 阅读能力。在该能力方面,笔者首先调查了总体提高状况,然后按照一般级和较高级两个层面进行调查。一般级能力包括掌握基础阅读技能,如:跳读、略读、根据上下文推测意思、仔细阅读和泛读等,读懂篇幅较短的、和专业有点关系但是针对一般无专业背景读者的学术文章(如报刊上的科普文章),读懂浅显的专业教材的内容。较高级能力包括:读懂长篇专业文章和专业教材,并理解其中主要观点和细节;掌握了批判性阅读技能,如能区别文章的事实和观点、正确判断信息来源的可靠性和可信性、辨认信息中的片面性。具体调查结果见下表。

表 5 - 26　与开设学术英语课程之前相比,学生
阅读能力的总体提高的程度

学生的观点	学生比例
有很大提高	13%
阅读能力有一些提高,但幅度不大	69%
没有什么提高	18%

表 5-27 阅读能力提高状况调查统计表(一般级)

阅读能力指标	学生占比情况		
	该能力 尚不具备	基本 可以	完全 可以
掌握基础阅读技能,如:跳读、略读、根据上下文推测意思、仔细阅读和泛读等	12%	67%	21%
读懂篇幅较短的、和专业有点关系但是针对一般无专业背景读者的学术文章(如报刊上的科普文章)	13%	67%	20%
读懂浅显的专业教材的内容	11%	63%	26%

表 5-28 阅读能力提高状况调查统计表(较高级)

阅读能力指标	学生占比情况		
	该能力 尚不具备	基本 可以	完全 可以
读懂长篇专业文章和专业教材,并理解其中主要观点和细节	44%	53%	3%
掌握了批判性阅读技能,如能区别文章的事实和观点、正确判断信息来源的可靠性和可信性、辨认信息中的片面性	46%	50%	4%

可见,超过半数的学生的一般级阅读能力有所提升,但与此同时,也有近一半的学生的较高级阅读能力有待加强,如读懂长篇专业文章的能力、批判性阅读技能等。

(4) 写的能力。在该能力方面,笔者首先调查了总体提高状况,然后按照一般级和较高级两个层面进行调查。一般级能力包括:掌握基本写作技能,如组织主题句/支撑句,掌握衔接技能和句子变化技巧等;写出较短的学术文章,会运用如定义、分类、举例、原因分析、比较和对比等方法;就专业相关的话题写一篇文献回顾;撰写为参加学术会议所需递交的发言摘要;用英文描写表格和图表中的信息;运用书面词汇和句法以及委婉模糊策略;了解学术写作中的剽窃概念,用简单的方法避免自己在写作中无意识的剽窃。

较高级能力指标包括:就专业相关的话题写较长的小论文(如1 500个词左右);用本学科或专业的学术规范、论文结构和风格进行各种体裁的写作,如论文和技术报告等;合理引用文献资源,转写所引用的语句,以规范的格式编写文后的参考文献目录,掌握避免各种无意识学术剽窃的策略和方法。具体调查结果见下表。

表 5-29　与开设学术英语课程之前相比,学生
写作能力的总体提高的程度

学生的观点	学生比例
有很大提高	30%
写作能力有一些提高,但幅度不大	55%
没有什么提高	15%

表 5-30　写作能力提高状况调查统计表(一般级)

写作能力指标	学生占比情况		
	该能力 尚不具备	基本 可以	完全 可以
掌握基本写作技能,如组织主题句/支撑句,掌握衔接技能和句子变化技巧等	24%	68%	8%
写出较短的学术文章,会运用如定义、分类、举例、原因分析、比较和对比等方法	36%	51%	13%
就与专业相关的话题写一篇文献回顾	63%	34%	3%
撰写用于参加学术会议所递交的发言摘要	68%	30%	2%
用英文描写表格和图表中的信息	24%	65%	11%
运用书面词汇和句法以及委婉模糊策略	46%	49%	5%
了解学术写作中的剽窃概念,用简单的方法避免自己在写作中的无意识剽窃	53%	40%	7%

表 5-31　写作能力提高状况调查统计表(较高级)

写作能力指标	学生占比情况		
	该能力 尚不具备	基本 可以	完全 可以
就专业相关的话题写较长的小论文(如 1 500 个词左右)	73%	26%	1%
用本学科或专业的学术规范、论文结构和风格进行各种体裁的写作,如论文和技术报告等	84%	16%	0%
合理引用文献资源,转写所引用的语句,以规范的格式编写文后的参考文献目录,掌握避免各种学术剽窃的策略和方法	65%	33%	2%

可见,超过半数的学生的一般级写作能力有所提升,但与此同时,超过2/3学生的较高级学术写作能力(如撰写专业文献回顾或小论文的能力、撰写学术会议发言摘要的能力、合理引用文献资源的能力等)缺失,亟须加强。

(5) 词汇能力。在该能力方面,笔者首先调查了总体提高状况,然后按照一般级和较高级两个层面进行调查。一般级能力包括:掌握了词汇学习的各种策略,包括词汇记忆、上下文猜词技巧等;接受性词汇量能够达到 8 000 个左右;能在口头和书面表达中使用 BNC 3 000 词族(其中包括 570 个学术词族)中最常用的词;掌握本学科或专业领域里使用频率最高的学术词汇。

较高级能力包括:接受性词汇量达到 10 000 个单词左右;在口头和书面表达中使用 BNC 3 000 词族中常用词的各种搭配,能在各种口头和书面的学术交流场合中使用;掌握自己学科和专业领域里常用的专业词汇。具体调查结果见下表。

表 5-32　与开设学术英语课程之前相比学生
词汇能力的总体提高的程度

学生的观点	学生比例
有很大提高	11%
词汇能力有一些提高,但幅度不大	67%
没有什么提高	22%

表 5-33　词汇能力提高状况调查统计表(一般级)

词汇能力指标	学生占比情况		
	该能力尚不具备	基本可以	完全可以
掌握了词汇学习的各种策略,包括词汇记忆、上下文猜词技巧等	17%	72%	11%
目前接受性词汇量能够达到 8 000 个左右	43%	50%	7%
能在口头和书面表达中使用 BNC 3 000 词族(其中包括 570 个学术词族)中最常用的词	66%	31%	3%
掌握本学科或专业领域里使用频率最高的学术词汇	53%	45%	2%

表 5 - 34　词汇能力提高状况调查统计表(较高级)

词汇能力指标	学生占比情况		
	该能力 尚不具备	基本 可以	完全 可以
接受性词汇量达到 10 000 个单词左右	82%	15%	3%
在口头和书面表达中使用 BNC 3 000 词族中常用词的各种搭配,能在各种口头和书面的学术交流场合中使用	87%	13%	0%
掌握自己学科和专业领域里常用的专业词汇	75%	23%	2%

可见,超过半数的学生的一般级词汇能力有所提升,但与此同时,80%左右学生的较高级学术词汇能力(如熟练使用 BNC 3 000 词族中的常用词语搭配和本专业领域的高频词汇等)亟须加强。

(6) 学习能力。在该能力方面,笔者首先调查了总体提高状况,然后按照一般级和较高级两个层面进行调查。一般级能力包括:掌握各种学习策略,包括如何管理学习时间、安排学习计划和检查学习进度;充分利用学校图书馆和语言学习中心提供的资源和设备进行学习;运用网络信息搜索技能,搜索与专业学习相关的信息;分析和综合从各个渠道得到的信息;运用小组活动形式进行学习,培养独立自主的学习能力,在合作学习的环境里建立英语学习的自信心。

较高级能力包括:掌握学术研究的基本方法,如选择合适的课题、进行文献回顾和数据搜集、用口头和书面的形式汇报研究成果等;独立地或以专业团队合作形式开展专业方面的项目研究;批判性创新思维能力;能在学习和学习策略方面给予学习伙伴帮助和建议;用英语组织各种形式的学习讨论会和学术研讨会。具体调查结果见下表。

表 5 - 35　与开设学术英语课程之前相比,学生
学习能力的总体提高的程度

学生的观点	学生比例
有很大提高	13%
学习能力有一些提高,但幅度不大	67%
没有什么提高	20%

表 5‐36　学习能力提高状况调查统计表(一般级)

学习能力指标	学生占比情况		
	该能力尚不具备	基本可以	完全可以
掌握各种学习策略,包括如何管理学习时间、安排学习计划和检查学习进度	30%	62%	8%
充分利用学校图书馆和语言学习中心提供的资源和设备进行学习	50%	42%	8%
运用网络信息搜索技能,搜索与专业学习相关的信息	16%	63%	21%
分析和综合从各个渠道得到的信息	20%	66%	14%
运用小组活动形式进行学习,培养独立自主的学习能力,在合作学习的环境里建立英语学习的自信心	23%	63%	14%

表 5‐37　学习能力提高状况调查统计表(较高级)

学习能力指标	学生占比情况		
	该能力尚不具备	基本可以	完全可以
掌握学术研究的基本方法,如选择合适的课题、进行文献回顾和数据搜集、用口头和书面的形式汇报研究成果等	50%	46%	4%
独立地或以专业团队合作形式开展专业方面的项目研究	49%	43%	8%
批判性创新思维能力	41%	58%	1%
能在学习和学习策略方面给予学习伙伴帮助和建议	40%	54%	6%
用英语组织各种形式的学习讨论会和学术研讨会	66%	30%	4%

可见,超过半数的学生的一般级学习能力有所提升,但利用学校图书馆和语言学习中心提供的资源和设备进行学习的能力不够,与此同时近半数学生的较高级学术学习能力(如学术研究的基本方法、开展专业项目研究、用英语组织学术研讨会等)亟须加强。

5.3.4.4　学生访谈结果分析

总体来说,经过两年左右的学术英语的学习,英语基础好的学生基本表示喜欢,因为学术英语不同于中学时代的英语语言学习,学术英语的语言规范、结构紧密、话题现实性强、学习内容较多、教学活动灵活、内容更具体、更适应时代要求，更富有挑战性。学术英语更大地调动了学生的参与性和自主学习的积极性。但同时学生也普遍反映在英语上花的时间太多了，有点不知所措。一些英语基础差的同学表示兴趣不大。通过对学生的访谈，笔者发现了在学生眼中目前学术英语教学存在的一些问题。

从课程设置上看，部分学生认为目前的学术英语课程设置缺乏系统性，教学内容零散，训练强度不够，能力提升较慢。例如有学生指出目前的学术英语课时少，听、说、读、写四部分在一次课上（2个课时内）全部涵盖，这样效果不突出，他们建议进行分类系统训练，将听、说、读、写分开授课。再如就词汇教学而言，有学生提出由于教师课上没有要求，学生很难自己主动扩大专业词汇量，因此部分学生建议出台不同专业和通用学术英语词汇量表，以促进学术英语词汇的学习。（学术英语词汇量表于2015年出台，做问卷时学生还没有拿到）。还有些学生认为一上大学就直接开设学术英语不合适，应首先开设通用英语，把外语基础夯实。这一问题和教师问卷中关于通用英语和学术英语的课程安排先后的争论如出一辙，有待我们具体问题具体分析。笔者认为可以考虑提高学术英语教学的专业针对性，可以按照专业分类教学，当然这对教师的要求比较高。

从教学内容上看，部分学生认为教材内容太广，每个点都不够深入，教材课文的选取不够贴切，对英语综合能力提高效果不明显。有学生建议可以把学术英语的主要内容分成几大模块，确保学生完成第一个教学模块的目标后再进行下一个模块的强化训练，而不是囫囵吞枣地统统过一遍了事。现行的学术英语教的内容很多，但是没有注重成果的验收，也就是，老师教了，学生虽然表面上听懂了，实际上未必会用。在教材编写上，内容偏难，与现实生活关联较少，离自己的本专业较远，不太符合自己的专业需求。部分学生认为和高中英语比，只是多了专业词汇而已。学生对授课内容和教材内容的反馈与教师对授课内容和教材内容的反馈有一致性，即教授的内容广而杂，不够细致，不够深入，专业对口性不够强。如何进一步改进教学内容和教材内容，提高其实用性与效度是值得我们进一步探究的问题。

从授课模式上看，学生希望能有更多的互动式交流，而不仅仅是个人的口语演讲。当下教师在给学生练习口语的过程中主要使用的是让学生做演讲的方式,这种方式在某种程度上确实可以提高学生的口语表达能力,但是对于交际技巧的练习就略显不足。班级人数过多,学生课上练习口语的程度受限,个性化学习模式略显不足。这一点和教师问卷的结果一致度比较高。在大班教学的背景下,教师在学术英语课堂应该采用哪种模式或方法才能更有效地进行学术英语教学,提高教学效果,需要我们不断尝试和进一步探究。

从授课效果上看,部分学生表示无法自由地运用学术英语中的词汇,很难学术地表达自己的观点,学术英语学习氛围尚未形成。也有些学生认为现在所学的英语和自己本专业的相关性不大,实用性不强,与实际应用略有脱节,整个教学杂而不精。学得多,用得少。部分学生反应教师在教授学术英语时,完全按照课本教材,没有对自己所教授班级的学生的外语水平和学习需求进行分析,没有充分考虑学生的接受能力。笔者认为应该增加课前需求分析环节,增加拓展课,让学生逐步感受到学术英语的实用性,要带领学生阅读经典学术论文,了解学术英语写作的思路、框架,逐步培养学生的学术研讨能力。

此外,对于学术英语的作用,学生们的反馈也很值得我们思考。当笔者问道:"您觉得现行的学术英语课程对你英语的帮助大吗? 对今后的学业或工作的用处大吗?"85%的学生认为作用不大,帮助甚微。他们表示他们的外语水平都在原本水平上上下浮动,如果自己不背单词,英语水平随之退化。很多学生把学术英语的学习等同于背学术英语单词,并认为专业领域的单词增加了,那么自然就学会了学术英语。认为作用很大的比率如下:东华大学10%,第二军医大学15%,上海对外经贸大学40%,华东师范大学14%。这些持肯定态度的学生认为学术英语改变了他们原有学习英语的方法和概念,对于更为规范、正式的英语表达运用有很大帮助。在学术英语课程中,教师教给学生学术研究方法,通过小组合作培养了他们的思维能力、写作能力,锻炼了他们的口头表达能力,对专业文献的阅读、论文的撰写和专业研讨有很大帮助。在一些试点学校中,部分同学虽然基本上适应了或正在适应专门用途英语学习,但是他们更希望提高自己的通用语言基本技能。笔者认为学生是否觉得学术英语有用会直接影响到课堂的教学效果和学生的学习积极性。部分学生反映难度很大,主要原因是他们原有的英语基础较弱,尤其是来自不同地区的学生英语程度相差很大,因此不同的学生学习效果差异也很大。那么是否有必要在通用英语的基础上再过渡到学术英语,笔者认为应该事前做好需求分析,具体问题具体分析,按照学生的水平进行分类教学。

总的来说,从制定政策的背景分析看,《参考框架》符合我国经济、社会和科学发展的需要;从政策文本内容看,《参考框架》以我国原有的大学英语教学大纲为基础,并取得了很多突破,既不脱离大纲和学生能力基础,又增加了与时俱进的内容。但是,我们也必须承认《参考框架》在两年的试行的过程中确实存在一些问题。

在从通用英语向学术英语过渡的进程中,很多细节有待进一步明确,例如:① 如何选择学术英语开设的时间点,是按照年级划分还是按照学生的英语水平划分? 在学分、课时安排、学期分布上是否有一个可以参照的区间范围,这个范围是什么? ② 学生学习通用学术英语,具体的产出指标水平是什么? ③ 通用学术英语和专门学术英语具体的操作办法和过渡程序是怎样的? ④ 在学术英语教材编写上,是否应该有一定的标准和规范,具体标准应该是什么? 一套优秀的学术英语教材应该包括什么? 如何界定教材的难度和专业程度? ⑤ 如何扩充 ESP 资料库,提升资料库内容的质量,如何使其在教师中普及? ⑥ 学术英语的教学活动应该如何设计才能兼顾对语言与学术素养的培养? ⑦ 学术英语特定的教学方法和手段是什么? 除项目教学法或任务教学法之外,还有哪些方法适合? ⑧ 学术英语的具体评价指标和教学测评体系及其实践操作步骤是什么? ⑨ 如何让专业教师更好地参与学术英语教学,实现教学目标,其具体机制是什么? ⑩ 学术英语需求分析和课程反馈的内容、方法、步骤是什么? ⑪ 如何对教师进行学术英语的系统培训? 培训的内容如何设计? 总之,目前我们的学术英语还处在"参考框架"阶段,要不断地朝着"标准"阶段迈进。如何顺利地实现从通用英语向专门用途英语的顺利过渡,是需要我们通盘考虑并仔细筹划的。相信在明确了我们需要解决的问题后,我们一定可以逐步克服困难,实现从通用英语向专门用途英语的顺利过渡。

5.4 《参考框架》执行效果的个案分析

本节将对《参考框架》在上海对外经贸大学中的实施效果进行个案调查分析⑩。上海对外经贸大学自 2008 年起开始试点学术英语教学,在 2013 年《上海市大学英语教学(参考框架)》颁布后试点范围进一步扩大,截至 2015 年,该校的学术英语试点教学活动已经进行了七个年头。由于该校试点起始时间较早,经验丰富,因此笔者以该校的学术英语教学作为案例分析的对象。

上海对外经贸大学的大学学术英语教学模式改革与创新实践始于 2008 年。随着教育国际化的发展,大学英语教学"供需失衡"的问题日益突出,究其原因:首先,大学英语教学目标定位不清,教学内容与中学基础教育阶段的内容重复率高,缺少实用型内容;其次,对学生的需求分析缺位,大学英语课程教授的内容无法满足学生的专业学习需求和职场就业需求。为了解决这些问题,该校围绕学校的办学定位和人才培养规格,对学生的学习需求和目标需求进行了分析,在此基础上,以引进国外学术英语课程为起点,通过普通英语教学到学术英语教学的渐进式转变,逐步实现了学术英语教学本土化,在很大程度上提升了大学英语课程的实用性和有效性。

(1)该校为开展学术英语教学活动主要做了如下工作:

第一,引进国外学术英语课程,为学术英语教学改革奠定基础。该校引进澳大利亚墨尔本理工大学语言培训中心为母语非英语的外国大学生设计了学术英语课程,旨在培养学生用英语进行专业课程学习和学术研究的能力,包括批判性思维能力、独立思考问题的能力、交流合作解决问题的能力等。该校的课程设置采用了 1+1 课程模式(1 年通用英语加 1

---

⑩ 该小节部分数据由上海对外经贸大学原外语学院副院长王勇教授提供,特此鸣谢。

年学术英语）。部分高起点的学生采用的是两年的学术英语。在学术英语教学阶段，采用了国际化学术英语教学体系，使用了国外原版综合学术英语教材，并且实施了国际标准化的考核方式。教学过程则全部由中方教师实施，以交际法为主要教学方法，通过多种形式的学术英语内容和任务型探究式、研讨式等课内外活动，有效增强了学生的学术英语听、说、读、写的交流技能，培养了学生较强的逻辑思维能力和批判性思维能力。实践证明，该校引进的学术英语课程的试点是成功的，95%以上的学生达到了外方课程所要求的标准，顺利通过外方规定的专业课（全英语课程）的学习，养成了独立学习、独立评判、相互交流讨论并发表自己见解的良好习惯。学术英语课程也促使学生的通用英语能力大幅提高，他们大学英语四级考试的成绩从2009级全校所有专业排名的第19名上升到2011级的第9名。引进国外学术英语课程体系这一举措有效解决了学校在开展学术英语教学改革初级阶段缺乏成熟的教学理论、教材、方法和测试手段等问题，为该校探索通用英语和学术英语的有效衔接打下了扎实的基础。

第二，通过渐进式转变，实现学术英语教学本土化发展。在中外合作教学的基础上，2011年该校针对学校的全英语实验班，独立设计并开展了学术英语教学改革，在通用英语教学的基础上，递进式地加入学术英语的教学内容。针对学生写作能力偏弱的情况，他们单独设置学术英语写作课，并采取外教和中方教师联合授课的方式进行教学；为了培养学生的逻辑思维能力和学术思辨能力，学校将综合英语视听说课改为以学术英语听说为主的课程，并配以阅读和自主学习两门基础课程以及若干应用型拓展课程，如商务沟通、商务写作、跨文化交际等，形成了多模块教学体系；在保证学生基本英语应用能力得以增强的前提下，在教学内容和方式上以学术性和规范性为准则，强调学生的学术英语沟通能力，尤其是学术写作能力以及学术意识。经过一个周期的实践，学生的语言综合应用能力和学术英语能力均得到很大提升，其大学英语四级考试平均分达到606分，国际化标准测试雅思考试平均分达到7分，远高于中国考生5.5分的平均成绩，95.34%的学生在大二结束时就已达到了国外大学硕士研究生的英语入学要求。

第三,以点带面,逐步推广学术英语教学试点成果。经过中外合作课程和全英语实验班课程的实践之后,作为首批上海市大学英语教学改革试点高校之一,该校设计了完整的学术英语课程体系,从 2013 年起,在该校逐步推广实施,在基础班和普通班采用了通用英语向学术英语过渡的课程设置,在提高班则直接开展综合学术英语课程教学,基本实现了学术英语教学的本土化发展。

(2) 该校开展的学术英语教学活动在很多方面都值得其他学校借鉴:

第一,分阶段、渐进式实践学术英语本土化教学。为最大程度保障教学效果、循序渐进地开展学术英语本土化教学,该校采取了三步走的做法,从外方主导、中方授课的中外合作教学开始,到中方主导、外教参与教学,最终独立建构起完整的学术英语教学体系,将国外先进的教学理念和经验引入我国大学英语教学中,在上海市高校中率先开展了学术英语教学改革,不断创新实践,建立的课程教学体系和评估体系颇具前瞻性和创新性,为上海市高校全面开展大学学术英语教改的试点提供了有意义的实践经验和有价值的理论依据。

第二,依托国外原版教材,采取 CBI 项目教学方法。在学术英语教改实践中,为确保教学质量,该校选用了一部分引进版教材(主要包括 *Academic Writing: A Handbook for International Students*, *Quest: Listening and Speaking in the Academic World*, *Key Concept: Academic Reading and Writing*, *Key Concept: Academic Listening and Speaking* 等),这些教材从国际化教育视角出发,充分考虑了英语国家和非英语国家的文化和教育背景差异,所选材料紧跟时代发展的新趋势,贴近学生的实际需求,其丰富多彩的知识内容和形式多样的技能训练为学习者提供了一个真实的学术英语学习与交流环境。在教学方法上,该校以交际法教学理论、建构主义学习理论和人本主义学习理论为指导,以 CBI(Content-Based Instruction)项目教学法为主线,融话题、情景、意念、功能、语言知识与技能以及研究方法等为一体,有效培养了学生在国际化学术语境下完成专业课程学习必备的逻辑思维能力、批判性思辨能力和学术英语听、说、读、写技能。该校所采用的理念先进、实用性强的教学内容和真正以学生为本的教学方法为彻底改变中国大学英语教学费时低效的现状提供了值得借鉴的依据。

第三,建立2+X多元化教学评价体系。为检验教改效果,该校建立了2+X多元化教学评价体系,其中"2"为全国大学英语四、六级考试和雅思考试,"X"为各教学层次及模式所特有的评价体系。作为实际已建立的通用英语测试体系,大学英语四、六级考试是该校多元化评价体系的基点。该校不认为学好通用英语就能掌握学术英语,也不盲目相信学术英语教学可以在目前直接有效地解决学生通用英语能力培养的问题。在渐进式开展学术英语本土化教学实践的过程中,他们有效地保障了学生大学英语四、六级考试的成绩,使考试通过率连续多年在上海市高校中排名第一,在全国名列前茅。为了检验学术英语的教学效果,学校创新性地引入了在全球范围内具有权威性、兼具学术性和实用性的国际标准化英语测试体系雅思考试,作为对大学英语四、六级考试的补充和提升。在此基础上,他们设计并实施了适用于学术英语教学的终结性和形成性评价体系。例如:设计了听力、语言基础、阅读、口头表达、报告写作五类单独性考试,如一门课考试不及格,补考后仍然不及格者必须重修全部课程;学术词汇测验、课堂辩论、小组陈述、项目报告以及学生平时自我反思的评价记录和课内外表现等均计入总分。多元化教学评价体系帮助该校实现了不同阶段和不同模式下学术英语本土化教学,有效保障了教改效果。

第四,健全学术型教师的培养机制。为改变传统大学英语教师重语言教学、轻技能训练,重考试成绩、轻学术素养的陈旧观念,该校提出了培养学术型教师理念,建立了学术型教师的培养机制。在教改实践中,该校分期分批选派教师参加国内外学术英语教学培训,尤其是,将首批承担教改任务的教师全部派往海外学习先进的学术英语教学理论和经验;同时结合教学实验定期开展总结、交流和研究活动;该校采用了一对一"导师制"等措施,让有经验的教授帮助青年教师提高学术素养和教学能力,并促使其注重将学术英语教学理念和方法应用于课堂教学,实现教学与科研的紧密结合。这种新型师资队伍建设理念和培养机制使该校大学英语部的年轻教师取得了教学水平和职业发展共进的良好效果,他们连续几届在上海市和全国大学英语教学比赛中的优异表现和骄人成绩获得了专家和同行的一致公认和高度赞扬。

综上,该校在学术英语教学改革中取得了一定的成果,目前仍然处在从通用英语向学术英语过渡的阶段,在试点改革的过程中,该校也遇到了一些问题,如转变教师理念、课程设置选择、教师评价的有效性等。但总体来说,在从通用英语向学术英语过渡时期,该校的改革是成功的,可以为其他院校提供有益的参考。

结　语

■
■
■
■

　　本书是我国大学外语教育政策实施的一项实证研究。在大学英语教改转型的背景下,本书对《上海市大学英语教学参考框架(试行)》的实施状况进行了调查研究,分析研究了其在上海市四所高校中执行和实施中存在的问题,并提出了解决方案。

　　从制定政策的背景分析看,《参考框架》符合我国经济、社会和科学发展的需要;从政策文本内容看,《参考框架》以我国原有的大学英语教学大纲为基础,并取得了很多突破,既不脱离大纲和学生能力基础,又增加了与时俱进的内容;从政策的实施效果看,本书采用调查研究的方法探究了《参考框架》自颁布起实施三年来的效果,从教师和学生层面洞察了四所高校的课程设置、教学评价、教材开发、教师培训和教师理念。目前这四所学校基本按照《参考框架》进行有序教学,在以上五个方面取得了一定进展,但尚存在一些亟须解决的问题:

　　(1) 如何选择学术英语开设的时间点,是按照年级划分还是按照学生的英语水平划分? 学分、课时安排、学期分布上是否有一个可以参照的区间范围,这个范围是什么?

（2）学生学习通用学术英语，具体的产出指标水平是什么？

（3）通用学术英语和专门学术英语具体的操作办法和过渡程序是怎样的？

（4）学术英语教材的编写是否应该有一定的标准和规范，具体标准应该是什么？一套优秀的学术英语教材应该包括哪些内容？如何界定教材的难度和专业程度？

（5）如何扩充 ESP 资料库并提升资料库内容的质量？如何使其在教师中普及？

（6）学术英语的教学活动应该如何设计才能兼顾对语言与学术素养的培养？学术英语特定的教学方法和手段是什么？除项目教学法或任务教学法之外，还有哪些合适的方法？

（7）学术英语的具体评价指标和教学测评体系及其实践操作步骤是什么？

（8）如何让专业教师更好地参与学术英语教学并实现教学目标？其具体机制是什么？

（9）学术英语需求分析和课程反馈的内容、方法、步骤是什么？

（10）如何提升学术英语教师能力？如何对教师进行学术英语的系统培训？培训的内容如何设计才更科学更有效？

笔者建议在进行下一步的学术英语工作设计之前应该先明确解决以上 10 个问题。

总之，目前我们的学术英语还处在"参考框架"阶段，要不断地朝着"标准"阶段迈进。如何实现从通用英语向专门用途英语的顺利过渡，是需要我们通盘考虑并仔细筹划的。相信我们一定可以逐步克服困难，实现从通用英语向专门用途英语的顺利过渡。

参考文献

［1］ AGER D. Image and Prestige Planning ［J］. Current Issues in Language Planning, 2005b, 6(1)：1 - 43.

［2］ AGER D. Prestige and image planning ［M］// HINKEl E. Handbook of Research in Second Language Teaching and Learning. Mahwah, NJ：Erlbaum, 2005a：1035 - 1054.

［3］ AMERY R. Language Planning and Language revival ［J］. Current Issues in Language Planning, 2001, 2：141 - 221.

［4］ ANNAMALAI E, RUBIN J. Planning for language code and language use：Some considerations in policy formation and implementation ［J］. Language Planning Newsletter, 1980, 6 (3), 1 - 4.

［5］ BALDAUF Jr R B, INGRAM D. Language-in-Education Planning ［J］. Annual Review of Applied Linguistics, 2003, 2：53 - 78.

［6］ BALDAUF Jr R B, RICHARD B, KAPLAN R B. Language-in-education policy and planning ［M］// HINKEL E. Handbook of research in second language teaching and learning. Mahwah, NJ: Lawrence Erlbaum Associates, 2005b: 1013 – 1034.

[7] BALDAUF Jr R B, RICHARD B, KAPLAN R B. Who are the actors? The role of (applied) linguists in language policy [M]// RYAN P T R. Language: Issues of Inequality. Mexico: CELE/ Autonomous National University of Mexico, 2003: 19 – 40.

[8] BALDAUF Jr R B, RICHARD B. Language planning and policy research: An overview [M]. // HINKEL E. Handbook of research in second language teaching and learning. Mahwah, NJ: Lawrence Erlbaum Associates, 2005: 957 – 970.

[9] BALDAUF Jr R B, RICHARD B. Rearticulating the case for micro language planning in a language ecology context [J]. Current Issues in Language Planning, 2006, 7(2 – 3): 147 – 170.

[10] BALDAUF Jr R B. Standardisation, variation and authority in English: the impact on language diversity [J]. TESOL in Context, 1988, 8(2): 4 – 10.

[11] BARKHUIZEN G, KNOCH U. Macro-level policy and micro-level planning: Afrikaans-speaking immigrants in New Zealand [J]. Australian Review of Applied Linguistics, 2006, 29(1): 1 – 18.

[12] BENTAHILA A, DAVIES E E. Language revival: Restoration or transformation [J]. Journal of Multilingual and Multicultural Development, 1993, 14: 355 – 374.

[13] BJORN J. Lectures on language problems [M]. New Delhi: Bahri Publication, 1991.

[14] BODYCOTT P. Language Policy in Schools: A Resource for Teachers and Administrators [J]. Journal of Educational Administration, 1999, 35(4): 619 – 620.

[15] CANAGARAJAH A S. Reclaiming the Local in Language Policy and Practice [M]. Mahwah, NJ: Lawrence Erlbaum, 2005.

[16] COOPER R L. Language Planning and Social Change [M]. New York: Cambridge University Press, 1989.

[17] DUDLEY-EVANS T, Jo M. Developments in English for Specific Purposes. A Multi-Disciplinary Approach [J]. IBÉRICA, 1998, 19 (12): 1 – 4.

[18] EDWARDS J. The ecology of language revival [J]. Current Issues in Language Planning, 2001, 2: 231 – 241.

[19] EINAR H. Planning for a standard language in Modern Norway [J]. Anthropological Linguistics, 1959, 1(3): 8 – 21.

[20] FERGUSON C A. Language development [M]// FISHMAN J A, FERGUSON C A, GUPTA J D. Problems of Developing Nations. New York: Wiley, 1968: 27 – 36.

[21] FETTES M. The Geostrategies of interlingualism [M]// MAURAIS J. Languages in a Globalising World. Cambridge: Cambridge University Press, 2003: 37 – 46.

[22] FISHMAN J A. Language planning and language planning research: The state of the art [J]// Linguistics, 1974, 12(119): 15 – 34.

[23] FLOWERDEW J, PEACOCK M. Issues in EAP: A preliminary perspective [M]// Research perspectives in English for academic purposes, 2001.

[24] FRAWLEY W J. Oxford International Encyclopedia of Linguistics [M]. 2nd ed. New York: Oxford University Press, 2003.

[25] GOTTLIEB N, CHEN P. Language Planning and Language Policy: East Asian Perspectives [J]. Journal of Asian Studies, 2003, 61(4): 632 – 633.

[26] GRIN F. Language Planning as Diversity Management: Some Analytical Principles [M]. Brussels: Plurilingua, 1999, 21: 141 – 156.

[27] HAARMANN H. Language planning in the light of a general theory

of language: a methodological framework [J]. International Journal of the Sociology of Language, 1990, 86(1): 103 - 126.

[28] HAUGEN E I. Language planning, theory and practice [M]// Haugen E I, DIL A S. The Ecology of Language: Essays. Stanford: Stanford University Press, 1972: 287.

[29] HAUGEN E. The implementation of corpus planning: Theory and practice [M]// COBARRUBIAS J, FISHMAN J A. Progress in Language Planning: International Perspectives. Berlin: Mouton, 1983: 269 - 290.

[30] HORNBERGER N H. Literacy and language planning [J]. Language and Education, 1994, 8: 75 - 86.

[31] HORNMBERGER N H. Frameworks and models in language policy and planning [M]// RICENTO T. An Introduction to Language Policy: Theory and Method. Oxford: Blackwell, 2006: 24 - 41.

[32] HORNMBRGER N H. Multilingual language policies and the continua of biliteracy: An ecological approach [J]. Language Policy, 2002, 1 (1): 27 - 51.

[33] HUTCHINSON T, WATERS A. English for specific purposes : a learning-centred approach [M]. Cambridge: Cambridge University Press, 1987.

[34] HYLAND K. English for Academic Purposes: An Advanced Resource Book [M]. London: Routledge, 2006.

[35] HYLAND K, HAMP-LYONS L. EAP: issues and directions [J]. Journal of English for Academic Purposes, 2002, 1(1): 1 - 12.

[36] INGRAM D E. Language-in-education planning [M]// KAPLAN R B et al. Annual Review of Applied Linguistics. New York: Cambridge University Press, 1990, 10: 53 - 78.

[37] KAPLAN R B, Jr R B B. Language and language-in-education planning in the Pacific Basin [M]. Dordrecht: Kluwer Academic

Publishers, 2003.

[38] KAPLAN R B, Jr R B B. Language Planning from Practice to Theory [M]. Clevedon: Multilingual Matters, 1997.

[39] LIDDICOAT A J. Corpus planning [M]// HINKEL E. Handbook of Research in Second Language Teaching and Learning. Mahwah, NJ: Erlbaum, 2005: 993 – 1011.

[40] MAURAIS J, MORIS M A. Languages in a Globalising World [M]. Cambridge: Cambridge University Press, 2003.

[41] MAY S. Language and Minority Rights: Ethnicity, Nationalism and the Politics of Language [M]. New York: Longman, 2001.

[42] MAY S. Linguistic human rights [M]// HINKEL E. Handbook of Research in Second Language Teaching and Learning. Mahwah, NJ: Erlbaum. 2005: 1055 – 1071.

[43] MUHLHAUSLER P. Language planning and language ecology [J]. Current Issues in Language Planning, 2001, 1: 306 – 367.

[44] NAHIR M. Language planning goals: a classification [J]. Language Problems & Language Planning, 1984, 8: 294 – 327.

[45] NEUSTUPNY J V. Basic types of treatment of language problems [M]// FISHMAN J A. Advances in Language Planning. The Hague: Mouton, 1974: 37 – 48.

[46] PENNYCOOK A. English and the Discourses of Colonialism [M]. London and New York: Routledge, 1998.

[47] RICENTO T. Historical and theoretical perspectives in language policy and planning [M]// RICENTO T. Ideology, Politics and Language Policies: Focus on English. Amsterdam: John Benjamins, 2000a: 9 – 24.

[48] STANOVITCH P J, JORDAN A, PEROT J. Relative Differences in Academic Self-Concept and Peer Acceptance among Students in Inclusive Classrooms [J]. Remedial & Special Education, 1998, 19

(2)：120-126.

[49] STEVENS K B，SCHUSTER J W. Time Delay：Systematic Instruction for Academic Tasks [J]. Remedial & Special Education，1988，9(5)：16-21.

[50] STUFFLEBEAM D L. A Depth Study of the Evaluation Requirement [J]. Theory Into Practice，1966，5(3)：121-133.

[51] TARIQ R，RICENTO T. Ideology，politics and，language policies：Focus on English [J]. Language in Society，2002，31(2)：288-290.

[52] TAULI V. Introduction to a theory of language planning [J]. Uppsala，1968：27.

[53] TOUCHSTONE E E，KAPLAN R B，HAGSTROM C L. "Home，sweet casa"— access to home loans in Los Angeles：A critique of English and Spanish home loan brochures [J]. Multilingua — Journal of Cross-Cultural and Interlanguage Communication，1996，15(3)：329-350.

[54] VAN ELS T. Status planning [M]// HINKEL E. Handbook of Research in Second Language Teaching and Learning. Mahwah，NJ：Erlbaum，2005：971-991.

[55] 蔡基刚.解读《上海市大学英语教学参考框架(试行)》[J].中国外语,2013, 10(2)：4-10.

[56] 蔡永良.关于"语言生态学"[J].上海理工大学学报：社会科学版，2012,34(3)：211-217.

[57] 蔡永良.美国的语言教育与语言政策[M].上海：上海三联书店，2007.

[58] 曹迪.全球化时代我国的外语教育政策研究——国家文化利益的视角[J].西安外国语大学学报,2012, 20(4)：71-74.

[59] 陈兵.东盟国家语言状况及广西的外语战略研究[J].上海外国语大学学报,2012(1)：77-82.

[60] 陈光伟.面对中国—东盟自由贸易区,微调广西外语教育政策[J].民族教育研究,2007,18(3):34-38.

[61] 陈国华.关于我国英语教育现状和政策的分析和建议[J].中国外语,2008(2):4-6.

[62] 陈坚林.大学英语教材的现状与改革——第五代教材研发构想[J].外语教学与研究,2007,39(5):374-378.

[63] 陈坚林.大学英语教学新模式下计算机网络与外语课程的有机整合——对计算机"辅助"外语教学概念的生态学考察[J].外语电化教学,2006(6):3-10.

[64] 陈坚林.大学英语网络化教学的理论内涵及其应用分析[J].外语电化教学,2004(6):46-50.

[65] 陈坚林,谷志忠.要求更完善,方向更明晰——对07版《大学英语课程教学要求》的新解读[J].外语电化教学,2008(1):3-8.

[66] 陈章太.语言规划研究[M].北京:商务印书馆,2005.

[67] 程晓堂.英国外语教育发展战略述评[J].基础外语教育,2006,8(1):3-7.

[68] 程晓堂.语言学理论对制定我国外语教育政策的启示[J].外语教学与研究,2012,44(2):298-307.

[69] 戴冬梅.法国外语教育政策与教学体系考察[J].外语教学与研究,2010(1):24-30.

[70] 戴炜栋.高校外语专业教育发展报告:1978—2008[M].上海:上海外语教育出版社,2008.

[71] 戴炜栋,胡文仲.中国外语教育发展研究:1949—2009[M].上海:上海外语教育出版社,2009.

[72] 戴炜栋,王雪梅.建构具有中国特色的外语教育体系[J].外语界,2006(4):2-12.

[73] 道布.中国的语言政策和语言规划[J].民族研究,1998(6):42-52.

[74] 付克.中国外语教育史[M].上海:上海外语教育出版社,1986.

[75] 傅荣.论欧洲联盟的语言多元化政策[J].四川外语学院学报,

170

2003,19(3)：110 - 113.

[76] 傅荣,王克非.欧盟语言多元化政策及相关外语教育政策分析[J].
外语教学与研究,2008, 40(1)：14 - 19.

[77] 高庆蓬.教育政策评估研究[D].吉林：东北师范大学,2008.

[78] 龚献静.致力于建立国家语言资源和人才储备库——二战后美国
联邦政府高校外语教育政策述评[J].外语教学与研究,2012,
44(4)：596 - 605.

[79] 顾永琦,董连忠.香港双语教学尝试的经验教训及启示[J].现代外
语,2005, 28(1)：43 - 52.

[80] 郭家铨.美国外语教育史考略(上)——从北美殖民地时期到 20 世
纪 60 年代[J].佛山科学技术学院学报：社会科学版,1993(1)：
70 - 79.

[81] 韩宝成,刘润清.我国基础教育阶段英语教育回眸与思考(一)——
政策与目的[J].外语教学与研究,2008, 40(2)：150 - 155.

[82] 郝成淼.我国外语教育政策研究的概况与前瞻——基于中国期刊
全文数据库的文献计量分析(1993—2012)[J].现代大学教育,
2013(1)：57 - 64.

[83] 何东昌.中华人民共和国重要教育文献 1991—1997[M].海南：海
南出版社,1998.

[84] 何艳铭,冯增俊.走向新世纪的欧洲语言教学——《欧洲语言教学
与评估共同纲领》述评[J].比较教育研究,2005, 26(6)：86 - 90.

[85] 胡壮麟.中国英语教学中的"低效"问题[J].外语教学理论与实践,
2002(4)：3 - 7.

[86] 贾爱武.我国外语教育政策新战略思考[J].外语界,2007(5)：
91 - 96.

[87] 贾爱武.以国家安全为取向的美国外语教育政策[J].比较教育研
究,2007, 28(4)：13 - 18.

[88] 金志茹,丁丽蓉.试论我国目前的外语教育政策[J].吉林师范大学
学报：人文社会科学版,2008, 36(3)：35 - 37.

[89] 金志茹,李宝红.关于我国目前外语教育政策和规划的思考[J].柳州师专学报,2008,23(3)：85-87.

[90] 金志茹,王军,王磊.我国外语教育政策的得与失及改革设想[J].山西高等学校社会科学学报,2010,22(6)：86-88.

[91] 柯飞,傅荣.国外外语教育政策：考察与比较[J].外语教学与研究,2006,38(4)：309-311.

[92] 孔志峰.公共政策绩效评价：散装水泥发展专项基金绩效评价[M].北京：经济科学出版社,2006.

[93] 李芳.英语热潮下对汉语的冷思考[J].武汉大学学报：人文科学版,2004,57(4)：499-502.

[94] 李丽生.经济全球化背景下实施区域性多元外语教育政策的必要性[J].中国外语,2011,8(4)：55.

[95] 李蕊.美国外语教育改革及对我国外语教育的启示[J].黑龙江高教研究,2007(12)：84-86.

[96] 李宇明.领域语言规划试论[J].华中师范大学学报：人文社会科学版,2013,52(3)：86-92.

[97] 李宇明.中国外语规划的若干思考[J].外国语：上海外国语大学学报,2010(1)：2-8.

[98] 刘海涛.语言规划和语言政策——从定义变迁看学科发展[C]//全国社会语言学学术研讨会.2004.

[99] 刘利民.科学规划外语教育,切实服务国家战略[N].光明日报,2009-3-3(9).

[100] 刘炜.论英语课程的批判性语言意识培养——学校教育·语言研究·语言教育[J].现代大学教育,2012(5)：93-99.

[101] 刘文宇,王慧莉.当代美国外语教育现状及政策的演变[J].现代教育管理,2010(7)：111-113.

[102] 刘学惠.外语教师教育研究综述[J].外语教学与研究,2005,37(3)：211-217.

[103] 鲁子问.外语教育规划：提高外语教育效率的可能途径[J].教育

研究与实验,2006(5):41-45.

[104] 鲁子问.我国义务教育外语课程目标质疑与重构[J].课程·教材·教法,2007(7):55-60.

[105] 鲁子问,詹先君.外语教育政策必须适应社会发展需要——兰伯特外语政策思想及其启示[J].英语教师,2008(2):4-10.

[106] 罗爱梅.澳大利亚外语教育政策之特点[J].教育评论,2010(4):166-168.

[107] 罗丹.当代香港义务教育阶段英语课程实践研究[D].广东:华南师范大学,2004.

[108] 宁骚.高等学校公共管理类主要课程教材、公共政策学[M].北京:高等教育出版社,2003.

[109] 潘懋元,刘海峰.中国近代教育史资料汇编:高等教育[M].上海:上海教育出版社,1993.

[110] 群懿.关于发展我国外语教育的方针和政策的若干问题[J].外语教学,1987(2):83-83.

[111] 沈骑.当代东亚外语教育政策发展的战略特征与趋势[J].比较教育研究,2011(9):64-68.

[112] 沈骑,冯增俊.建国60年以来我国外语教育政策研究综述[J].江苏社会科学,2009(S1):64-67.

[113] 沈骑,冯增俊.亚太经合组织外语战略计划探析[J].东南亚纵横,2009(6):55-59.

[114] 沈骑.联合国教科文组织"语言多元化"教育战略评析[J].外国教育研究,2009(1):35-39.

[115] 沈骑.全球化背景下我国外语教育政策研究框架建构[J].外国语:上海外国语大学学报,2011,34(1):70-77.

[116] 沈骑　我国高校外语教育政策的全球化取向[J].现代教育管理,2010(1):32-34.

[117] 施健,余青兰.荷兰外语教育政策发展及启示[J].教学与管理,2008(21):158-160.

[118] 束定芳,华维芬.中国外语教学理论研究六十年:回顾与展望[J].外语教学,2009,30(6):37-44.

[119] 四川外国语学院高等教育研究所编.中国外语教育要事录(1949—1989)[M].北京:外语教学与研究出版社,1993.

[120] 宋娜娜.9/11后美国高等教育中外语教育政策的改变[J].现代大学教育,2011,04(3):74-82.

[121] 孙锦涛.教育政策学[M].武汉:中国人民大学出版社,2010.

[122] 王斌华.教师评价:绩效管理与专业发展[M].上海:上海教育出版社,2005.

[123] 王辉.近20年澳大利亚外语教育政策演变的启示[J].北华大学学报:社会科学版,2010,11(6):28-32.

[124] 王进军.泰国多元化外语教育政策的发展特征及趋势[J].比较教育研究,2011(9):69-72.

[125] 王克非.外语教育政策与社会经济发展[J].外语界,2011(1):2-7.

[126] 吴鼎民.大学英语教学的"三套车"构想与高素质人才培养[J].江苏高教,2005(4):65-67.

[127] 吴志宏,陈韶峰,汤林春.教育政策与教育法规[M].上海:华东师范大学出版社,2003.

[128] 萧宗六.教育方针、教育政策和教育法规[J].人民教育,1997(11):35-36.

[129] 熊南京.二战后台湾语言政策研究(1945—2006)[D].北京:中央民族大学,2007.

[130] 熊淑慧,邹为诚.什么是学术英语?如何教?——一项英语专业本科生"学术英语"的课堂试验研究[J].中国外语,2012(2):54-64.

[131] 徐启龙.基于语言经济学视角的我国外语教育决策研究[J].全球教育展望,2010,39(3):93-96.

[132] 许道思.关于调整、改革我国外语教育的几点意见[J].外国语:

上海外国语大学学报,1983(3)：60-62.

[133] 杨德祥.外语教育规划与外语教育的定位[J].兰州交通大学学报：社会科学版,2005,24(2)：113-116.

[134] 杨玉.和谐语言生态：民族外语教育的文化使命思考[J].学术探索,2012(6)：159-161.

[135] 于晨凌,王军.21世纪中国外语教育的改革策略研究[J].长春理工大学学报：社会科学版,2010,23(6)：123-125.

[136] 袁振国.中国教育政策评论[M].北京：教育科学出版社,2001.

[137] 张沉香.澳大利亚外语教育对我国外语教育的启示[J].中南林业科技大学学报：社会科学版,2009,3(4)：159-161.

[138] 张沉香.东西方外语教育政策的殊途同归[J].教学与管理,2012(12)：159-160.

[139] 张沉香.论我国的外语教育规划[J].中南林业科技大学学报：社会科学版,2011,05(3)：1-4.

[140] 张沉香.我国外语教育政策的特色分析[J].中国高教研究,2007(10)：92-93.

[141] 张建伟,王克非 德国外语教育政策研析[J].外语教学与研究,2009(6)：459-464.

[142] 张建伟,王克非.德国外语教育政策研析[J].外语教学与研究,2009(6)：459-464.

[143] 张贞爱.外语教育政策与多维制约因素分析——以韩国外语教育60年改革与发展为例[J].中国外语,2011,08(4)：60-63.

[144] 张正东.论中国英语教育的发展思路[J].教育研究,2007(7)：78-83.

[145] 张正东.为西部大开发制订外语教育政策[J].中小学外语教学：中学,2002,26(11)：12-15.

[146] 张正东.中国外语教育政策漫议：外语是把双刃剑[J].基础教育外语教学研究,2006(1)：19-24.

[147] 张正东.中国外语教育政策漫议我国外语教育的国情特点[J].基

础教育外语教学研究,2005(12):16-21.

[148] 张正东.中国外语教育政策漫议我国外语教育的国情特点[J].基础教育外语教学研究,2005(12):16-21.

[149] 赵蓉晖.国家安全视域的中国外语规划[J].云南师范大学学报:哲学社会科学版,2010,42(2):12-16.

[150] 赵守辉.语言规划国际研究新进展——以非主流语言教学为例[J].当代语言学,2008,10(2):122-136.

[151] 赵守辉,张东波.语言规划的国际化趋势:一个语言传播与竞争的新领域[J].外国语:上海外国语大学学报,2012(4):2-11.

[152] 赵玮.CIPP教育评价模式述评[J].开放潮,2006(9):58-59.

[153] 中国教育年鉴编辑部.中国教育年鉴1949—1981[M].北京:中国大百科全书出版社,1984.

[154] 周庆生.国外语言政策与语言规划进程[M].北京:语文出版社,2001.

[155] 周玉,忠王辉.语言规划与语言政策:理论与国别研究[M].北京:中国社会科学出版社,2004.

[156] 朱中都.论我国英语教育政策的弊端及改革路径[J].湖北社会科学,2007(2):165-167.

[157] 邹为诚.论外语教育政策研究的性质、任务和方法——代《中国外语》外语教育政策研究专栏主持人话语[J].中国外语,2011,08(4):26-30.

[158] 左秀兰.面对英语渗透的语言规划[J].语言文字应用,2006(2):29-34.

索　引